我知女儿心

妈妈须知的青春期女孩100个密码

缩缩◎编著

北京燕山出版社
BEIJING YANSHAN PRESS

图书在版编目（CIP）数据

我知女儿心：妈妈须知的青春期女孩100个密码/缩缩编著. —北京：北京燕山出版社，2013.2（2023.2 重印）

ISBN 978-7-5402-3082-1

Ⅰ.①我… Ⅱ.①缩… Ⅲ.①女性－青春期－家庭教育 Ⅳ.①G78

中国版本图书馆 CIP 数据核字（2013）第 003986 号

我知女儿心：妈妈须知的青春期女孩100个密码

著　　者：缩缩
选题策划：北京盛桐文化传播有限公司
责任编辑：刘少辉　常思薇
封面设计：零三二五艺术设计
出版发行：北京燕山出版社
社　　址：北京市丰台区东铁营苇子坑路138号C座（嘉城商务中心）
电　　话：010—65240430
经　　销：北京时代华文书局有限公司
印　　刷：三河市金泰源印务有限公司
开　　本：710 毫米 ×1000 毫米　1/16
印　　张：13.75
字　　数：200 千字
版　　次：2013 年 6 月第 1 版　2023 年 2 月第 2 次印刷
标准书号：ISBN 978-7-5402-3082-1
定　　价：26.80 元

序　言

青春是雨季，妈妈是阳光

台湾作家三毛在《雨季不再来》中写道：“窗外是绵密而恼人的细雨，让女孩们没有理由地心烦意乱。但这一切都会过去，她们总会在一个充满阳光的清晨醒来，发现那些烦恼与忧愁都如这消失的雨季，再也不来。”确实，青春期是青少年生理发育和心理发展急剧变化的时期，是童年向成年过渡的时期，也是人生观和世界观逐步形成的关键时期。在这段日子里，女孩子心细如尘，多愁善感，尤其容易感到困惑与挫折。而妈妈，就是引导女儿走过迷茫雨季、消除烦恼的那束最灿烂的阳光！

正是基于此，本书使用了丰富生动的案例、切实可行的建议与通俗易懂的语言，来帮助妈妈们全面了解青春期女儿从生理到心理的变化。本书列举的105个青春期难题，涵盖了青春期女孩的生理、心理、学习、交友、性启蒙等方方面面，并提供了温暖贴心、极具操作性的建议，有的放矢地帮助妈妈解决问题，帮助女孩成长。

在阅读本书之前，首先希望妈妈们调整心态，思考青春期女儿的需求是什么。

女儿需要关爱。她们希望妈妈不要只顾着工作与做家务，而是尽可能地关心自己。可以是一起看电视、吃饭时的随意交流，也可以是一起逛商场时妈妈帮自己选购卫生巾，抑或是上学出门时，妈妈站在身后注视自己的温暖目光……这些，你是否已给予她呢？

女儿需要理解。她们希望妈妈包容自己因青春期荷尔蒙变化而引发的小脾气，希望妈妈不要“唯成绩论”，希望妈妈能明白自己为什么喜欢追星、爱上打扮……这些，你是否能懂得？

女儿需要信任。她们希望妈妈不要打开自己的抽屉翻看日记，希望自己接到男生电话时，妈妈不要每次都像审犯人似的审问自己，希望妈妈能平和地看待自己与男生交往……这些，你是否能做到?

女儿需要尊重。她们渴望参加每一次家庭会议，渴望对等的沟通而不是接受命令式、唠叨式的教育，渴望能独立处理自己的事情……这些，你是否能明白?

其次，希望妈妈想一想，正确引导青春期女儿应从哪些方面入手。

第一，妈妈要教导女儿爱护自己的身体。进入青春期，身体变化是最明显的。女孩的胸部开始发育，月经初潮开始来临。妈妈应及时告知女儿相关的生理知识，使其了解生理状况，做好卫生保健。

第二，妈妈要帮助女儿维护心理健康。青春期是女孩心理变化最大的时期。她们开始注意周围的异性，重视自己的外表，有了爱美的需求。同时，在内在与外在因素的作用下，她们也容易变得叛逆或者自闭。如果妈妈没有及时与之沟通并开导，女儿可能会出现一些心理上的问题，甚至会造成人生观发生偏移。

第三，妈妈要帮助女儿缓解学习上的压力。青春期正值学习压力最大阶段，女孩子在各种各样外在诱惑的影响下，学习态度与学习成绩都会发生变化。而在分数压倒一切的年代，父母、老师又对她们寄予了过高的期望，这让她们不堪重负，进而厌学、逃课或患上学习强迫症。这个时候，妈妈需要做的是了解并走进女儿的内心，成为她最坚强的后盾，和她一起面对青春期的学习问题。

第四，妈妈要传授女儿正确的两性知识。青春期的女孩开始有了性别意识，对异性或多或少产生了好感，甚至发生了早恋。有些女孩自我保护意识不强，结果身心均遭到了伤害，给以后的人生留下了阴影。为此，妈妈一定要提前打好“预防针”，及时给予女儿关于爱情与性方面的教育，帮助她树立正确的恋爱观，学会珍惜并保护自己。

只有从生理到心理对女儿进行全方位呵护，妈妈才算得上称职；只有拥有家庭成员的关爱，女儿才能够自爱自重，幸福一生。

妈妈，永远是照亮女儿人生的那束最灿烂的阳光!

Contents

目 录

第三章 “小红”的突如其来
——青春期女儿的月经来潮

第四章 女孩子的清爽干净
——注意青春期女儿的卫生保健

第五章 女儿的心事，妈妈你来猜

——应对青春期女儿的心理变化

第六章 女孩长大了就会笨吗

——应对青春期女儿的学习问题

第九章　教女儿做个好女孩
——应对青春期女儿的叛逆行为

第十章　“妈妈，我有问题想问您！”
——青春期女儿不愿公开的秘密

第一章　女儿心里长出青春的嫩芽
——认识人生这段最特殊的时期

从孩子一出生，妈妈的心就变成一对洁白的翅膀长在了孩子身上，每时每刻都关注着孩子的成长。如果你生的是女儿，那么恭喜你了，拥有了一件世上最贴心的小棉袄。相较儿子而言，女儿更加乖巧、可爱、善解人意，会给妈妈带来更多细腻的情感享受。然而有一天，你却发现乖女儿发生了一些奇怪的变化：不再听话、故意唱反调、神神秘秘、日记上锁、书本里出现了情感初露的小纸条……不管接受不接受，这一切都在表明：当初你怀中的那个小不点已经步入了人生道路上最特殊的时期——青春期，开始褪去青涩的稚气，向女人的阶段迈进。

好妈妈胜过好老师。“青春期”这简简单单的三个字，对妈妈来说却有千斤重。如何引导女儿走过青春期这片美丽的玫瑰丛林，如何帮助女儿平稳快乐地度过青春期，是每一位好妈妈都必须面对的考验。而要成功应对考验，就应从正确认识青春期开始。

1. 青春期什么时候到来

随着女儿一天天长大，很多妈妈都会有这样的困惑，女儿的青春期什么时候到来？要知道，在女儿的青春期到来之前做好准备，才能更好地帮助女儿顺利度过青春期。

从生理学角度来说，青春期是指以生殖器官发育成熟、第二性征发育为标志的初次有繁殖能力的时期。人类及高等灵长类雌性的青春期，以第一次月经出现为标志。

通俗地说，人类的青春期是指由儿童逐渐发育为成年人的过渡时期。这个时期是继婴儿期后第二个生长发育的高峰时期，对人的生理和心理成长都起着至关重要的作用。

中华儿科学会从2001年开始，开展了一项针对全国十二个省会城市六万余名中小学生的生长发育情况的调查。调查结果显示，我国有67%的女孩青春期的开始年龄在10～12岁，19%的女孩在12～14岁，剩下相当一部分则在10岁之前开始。调查发现，单纯的发育时间早晚，在生理上不会有明显危害，不论是提早或是推迟，发育情况与到达正常年龄发育的人群无差异。

我们通常会将10～20岁这段时间统称为青春期。实际上青春期包括**四个阶段**：青春准备期、青春前期、青春二期和青春衍生期。青春准备期在8～9岁，11～12岁则进入了青春前期，13～16岁为青春二期，17、18岁到大学一二年级还是属于青春期，只不过是青春衍生期。

很多妈妈会问："我的女儿多少岁会进入青春期呢？"

其实，青春期的到来是没有标准年龄的，也就是说一个孩子不是到了哪个年龄就一定会进入青春期。因为每个孩子的遗传基因、营养健康水平以及接受的刺激程度都是不同的，所以，每个孩子青春期到来的时间与青春期表现就会有所差别。

在我国，大多数女孩10～12岁时开始来月经。当然，因为个体差异，每个女孩初潮的时间也有所变化，偏早或偏晚1～2年的情况也是正常的。

总而言之，在青春期什么时候来这个问题上，妈妈不用太过担心。因为，青春期并不单纯是一个年龄阶段的代名词，我们没有办法用时间早晚来界定，而应该将青春期视为孩子身体和心理发育状况的一个重要阶段。

妈妈贴士：

青春期有早有晚，妈妈不用为女儿的青春期比同龄人早到而忧心，也不必因为女儿的青春期迟迟不来而焦急。在平时生活中，如果你的女儿有了一些细微的变化，妈妈一定要细心观察，这样才能更好地引导女儿平稳地度过青春期。这些变化包括以下方面：

1. 女儿突然快速长高，那么很有可能是步入青春期的前奏。

2. 女儿身体内皮下脂肪沉积增多，髋、臀部尤其明显，体重有明显增加。

3. 女儿骨盆、髋部增宽，这就是即将成为一个体态柔和的女人的提示。

4. 女儿内裤上开始出现白带，这一点是青春期给妈妈最强烈的暗示。

2. 青春期有哪些特征

刚刚迈入青春期的孩子一边憧憬大人世界里的成熟，一边回望童年梦幻里的纯真。在不断地追求完美中饱尝缺憾的失落，拒绝灌输的同时又渴望得到帮助。

青春期就是这样一种不断交错的矛盾综合体，这使得孩子的很多行为在大人的眼中荒唐而无聊，无法理解其中的任何意义，于是简单地斥责为胡闹。由于不理解而横加约束，父母与孩子之间便会矛盾重重，冲突不断。

为了解决这些不必要的矛盾，缓和父母和孩子的关系，我们必须从本质上把握青春期孩子的特征，对症下药才是正理。

那么，青春期的孩子到底有哪些特征呢？

特征一：生理特征

第一，身高迅速增长，体重明显增加。女孩以每年5~7厘米的速度增长，最高可达9~10厘米，一般在19~23岁时定型。体重则每年可增加5~6公斤，这一时期女孩会显得比较丰满。

第二，脑和神经的发育。脑和神经系统的相伴发育使脑的功能不断健全。脑下垂体、甲状腺、肾上腺等腺体更加活跃地释放激素，增强脑的兴奋性。因此，青春期的思维、理解、判断、反应及记忆的能力，都进一步提高。

第三，心肺迅速发育。心肌增长、加厚、收缩力增强，心脏容积增大，使得心脏供血能力明显提高，从而保证青春期日益旺盛的新陈代谢的需要。肺活量在青春期显著增长，从10岁时的1400毫升，到十四五岁的2000~2500毫升。

第四，性征的差异更加显著。随着性发育的开始，女性特征越发明显：纤弱，皮肤较细腻，皮下脂肪比较丰满，无喉结，嗓音尖细，乳房隆起，骨盆宽大，无胡须，体毛较少等。

特征二：心理特征

第一，自我独立。随着自我意识的形成，青春期孩子的独立性不断增强，他们拒绝被动，拒绝听从，要求做自己命运的主人。这种化被动为主动、从依赖到独立的巨大转变，是青少年成长的重要一步。

第二，情绪两极。青春期孩子精力旺盛，情感浓烈，因而两极性表现得十分明显。他们很容易因一时的成功而激动万分，也会为偶尔的失败而抑郁低落。这种情绪多变、易骄易躁的性格特征正是对青春期迷茫最好的诠释。

第三，封闭忧愁。进入青春期，也就等于来到了“多事之秋”。随着心理的不断发展，孩子学会了掩饰、隐藏自己的真实情感。很多孩子在这个时候会莫名其妙地产生一些愁思，却又不知如何排解，于是变得沉默寡言，甚至会自我封闭。

特征三：需求特征

第一，物质需求。进入青春期后，孩子敏锐地感受到自我个性的觉醒，于是简单地先从物质上与他人划清界限，彰显自我。如果这种物质需求是合理的，会有利于孩子确定自己在群体中的定位，扩大交友圈。反之，则不利于孩子的成长。

第二，交往需求。在青春期前期，孩子的依赖心理由父母转移到朋友身上；到青春期后期，则转移到异性朋友身上。到了成人阶段，将会固定在某一个异性身上，直到成家立业、生儿育女，这样一个不断更新的循环是人类成长无法抗拒的力量。

第三，异性需求。孩子进入青春期后，开始悄悄地关注异性。一开始只是停留在外表上，比如女孩关注帅气聪明的男孩，以寻求新鲜和刺激的感觉。有时候和异性相处，双方都会害羞而拘谨，这其实是孩子们走出家庭的小圈子、迈入社会认识异性的最初的学习阶段。

第四，求助需求。孩子进入青春期后，性格往往冲动冒失。他们希望能独立地处理问题，却无法解决不断遇到的复杂事情。此时的他们，面对未知的世界，充满好奇、惊疑和恐惧，嘴上虽然不说，但心里还是希望有一个人能在风雨之中牵着他们的手，再走一段路。

妈妈贴士：

青春期的女孩往往比男孩发育得更为快速，单从生理上来说，青春期女孩到底该有哪些正常的特征呢？

1. 身体迅速长高
2. 胸部开始发育
3. 开始长体毛
4. 身体柔软匀称
5. 大量出汗
6. 皮肤和头发容易出油
7. 生殖器开始变化
8. 身体里出现分泌物
9. 经期来临

3. 青春期就是叛逆期吗

当孩子处在初中到高中这个最懵懂阶段的时候，父母会发现，孩子常常会产生一种自己什么都懂、不希望被大人束缚的错觉。即使自己只是似懂非懂，也会硬着头皮不懂装懂，以和大人唱反调为个性彰显的标志。并且，一旦被父母劝诫就会委屈不甘，甚至做出一些过激的行为。我们通常称这个令人头疼的阶段为叛逆期。

很多妈妈发现，原本乖巧可爱的女儿在这个阶段忽然发生了一些奇怪的变化。而这些变化往往是伴随着青春期到来所产生的。因此，很多妈妈就简单地认为，青春期就是叛逆期。

王妈妈经常和周围的邻居诉苦："女儿小学的时候很乖巧懂事，让她做什么就做什么。自从上了初中之后就跟变了一个人似的，老嫌我唠叨，多说一句就厌烦，甚至摔门就走。最近更是奇怪得反常，满屋子都是韩国明星的海报，走到哪儿都要带着 MP3，嘴里还哼着听不懂的歌儿，说也说不得，真是没有办法了。"张妈妈也应和道："女儿的头发颜色越来越奇怪，又红又黄的，有时候把自己关在房里，也不知道在做些什么。一有同学喊就跑出去，饭也不吃，问她去干什么也不理，都是为她好呀，难道是因为进入了青春期，所以叛逆了？"

我国将 11 ~12 岁定为青春前期，国外则将这个阶段称为"狂躁期"、"困难期"等。

这个时期，孩子正值升入初中，由于青春期生理变化引发了心理变化，他们遇事开始独立思考，形成稍显幼稚的主见，并且开始质疑父母的话。而父母在权威动摇后，一时难以适应，不知道该如何调整教育方法以面对孩子略带挑衅的眼神。

同时，过重的升学压力以及复杂的人际关系，又对青春期孩子的心理产生一定的挤压。如果缺乏父母适当的引导，孩子很容易在认知、运用等环节产生技能和心理上的障碍。孩子一旦被一些非正常的外界因素影响，有可能会激发他们潜意识里的反抗，刺激他们抗拒外界，将自己完全封闭在内心世界中，不沟通、不传达，从而让家长觉得难以管教，头痛非常。

但是，青春期和叛逆期并不是可以划上等号的，也就是说叛逆期并不像青春期一样，是每个孩子成长的必经之路。

当女儿步入青春期这个复杂的人生阶段时，父母应该提前做好思想上的准备，走进女儿的内心深处了解她的需求，从而给予正确的引导。这样，你的女儿就不会走入“青春叛逆期”的困局。

当然，如果你的女儿身上已经有了叛逆期的细微表现，也不要慌张着急，更不能采用打骂或者放任自流这两种极端的方式，而是要稳定情绪试着沟通。要知道，沟通可是一门学问。在沟通的过程中要想达到事半功倍的效果，就得先从女儿的优点入手，而不要以学习的问题作为切入口，以免女儿产生厌烦情绪。另外还有一点很重要，就是在谈话的过程中不断进行换位思考。要知道，总是站在妈妈的立场来考虑问题是很难和女儿产生一种情感上的共鸣的，也就难以达到沟通理解的效果。

妈妈贴士：

妈妈常常会感到和女儿之间有代沟，觉得女儿的想法很难理解，甚至为此感到伤心。其实不然，妈妈其实只要用对一些方法，是很容易让女儿把自己当成人生的良师益友的。

1. 在生活上，多研究女儿喜欢的事物，无论是明星还是衣服，尽量站在女儿的角度来看待，并且给予一定的夸奖。一旦形成共同的爱好，女儿就会把你当成可以交谈的朋友。

2. 在学习上，不要拿其他人和女儿比较，要知道“故意打压”的刺激力量往往会带来很多副作用。要毫不吝啬地对女儿进行鼓励以及夸赞，使她明白你永远是站在她背后支持她的那个人。

3. 在家庭里，要让女儿感到自己是举足轻重的一分子。也许是你的一件衣服，或者是家庭集体出行的目的地，都要尽量参考她的意见，让她觉得自己得到了尊重。

4. 最重要的一点，就是宽容与尊重。宽容女儿的一点无心之失，尊重女儿那一点点青涩的隐私。

4. 青春期就是危险期吗

随着孩子一天天的长大，父母会发现孩子的教育问题渐渐令人头疼。除了孩子时不时的“小叛逆”，还有更多如洪水猛兽一般的危险在青春期这条道路上埋伏着。

在西方，许多心理学家把青春期看做是个体发展上的一个“危险期”。他们认为，孩子带着身心的矛盾在个体发展的道路上行走，而未来在充满了可塑性的同时也有许多不确定性。“一失足成千古恨”是这个阶段最明显的写照，很多不良品质就是在这个阶段中因为不正确的引导形成的。后果可大可小，轻则碌碌无为，重则走上犯罪的道路，追悔莫及。

因此，许多家长将青春期视为毒蛇猛兽，战战兢兢地围着孩子打转，生怕一没看住孩子就使他走上了歧途。而对于只有一个女儿的父母来说，内心更是惶恐。

那么，青春期到底是不是女孩的危险期呢？

李妈妈最近很苦恼。女儿欣欣开始上初中了，听周围一些女儿年龄比较大的邻居说，女孩子到了这个年龄是很危险的，初中虽然有着比小学更广阔的学习平台，但学习的环境也更为复杂。李妈妈从邻居的描述中大概知道女儿所处的青春期是一个危险期，比如叛逆、不用功学习、爱美爱打扮、早恋甚至认识一些社会上的人出去混，等等。这每一条都让李妈妈忧心不已。李妈妈想防止这些情况发生，又苦无良方，只能采取全方位多角度的跟踪方法，没想到反而惹来女儿的不满，导致母女大吵小吵不断，感情越发冷淡。

青春期因其矛盾与困惑的本质，注定一路伴随着交流与解答。因此，这段时期里只要妈妈把握好了交流的关键，就不会出现李妈妈的烦恼了。

在交流之前，妈妈应该对青春期的生理、心理特征有比较全面的了解，这样才能在诱导和发挥孩子的独立自主性时，减少甚至避免孩子的逆反心理。

在交流的过程中，妈妈应该放缓口气，要让女儿觉得你已经把她当成可以平等交流的成熟青年人来看待了，你们之间进行的交流是一种热情的建议而不是冷酷的逼迫。

在交流结束后，妈妈要用实际行动告诉女儿，你很重视她的独立需求，并且珍视她这种渴望独立自主的心理倾向，甚至用实际行动支持她的想法和愿望，鼓励她在一些事情上自己决定，自己动手。

只要妈妈能够采取得当的方法，青春期就不是危险期，而是一段女儿人生当中最美丽、最值得回忆的时期。等顺利度过这段“心理断乳期”、平稳地进入成熟期之后，女儿会给妈妈一个温暖的拥抱，感谢她在自己最脆弱的时期所做的一切。

妈妈贴士：

青春期是女儿性格塑造最重要的时期，同时也很容易产生很多莫名其妙的负面情绪。女孩敏感的内心在面对这些情绪时，如果得不到有效疏导，就可能产生危险的后果，甚至误入歧途。这个时候善解人意的妈妈，一定要想办法安抚女儿焦躁的情绪。

1. 如果你的女儿莫名其妙地发脾气，先不要急着问缘由或者打断她。你要让她借由这种方式把心里的压力发泄出来，然后在她情绪舒缓或者自我厌弃的时候，从安慰入手，了解她发脾气的原因以及打算如何解决，再根据她自己的解决方法给予一定的意见。

2. 如果你的女儿偷偷躲起来哭，这个时候要坐在她的身边，轻轻拍着她的背表示理解与安慰。要知道，哭也是发泄情绪的一种方式，等她将负面情绪通过眼泪流走，记得抱抱她，告诉她“妈妈是你最忠实的听众”。

3. 如果你的女儿不哭也不闹，就是把自己关在房间里不说话，最好不要让她一个人独处。这个年纪的女孩很容易钻牛角尖，一定要想方设法让她把情绪发泄出来，或者对你倾诉。她不成熟的思考，是很难通过冷静达到自我开解的。

5. 青春期一定长个性吗

现代社会光怪陆离，走到哪儿都会听到“个性”这个词。孩子们喜欢周杰伦，因为他有“个性”、“不走寻常路”；孩子们喜欢各种各样“非主流”的打扮，理由是“主流”的东西就是没“个性”。在他们还不成熟的思考中，很轻易地将大家都做的事认为是没“个性”，自己要做而大家都不会去做、不敢去做的事，才最有“个性”，才会让别人觉得自己很酷，值得崇拜。

以上这些父母很难理解的想法，绝大多数都是在青春期阶段形成的。

教育专家将青春期称为“动荡期”。这一时期，总有一部分孩子用各种各样的方法表现着最“特别”的个性：稀奇古怪的发型和衣着、难以理解的语言、标新立异的行为……而这些恰恰是父母难以接受的“不正常”行为。很多妈妈更是将女儿的个性变化归结为青春期作祟，似乎进入了青春期，就必然会长个性。

陈妈妈的女儿今年13岁，在一所重点中学读书。学习之余，她十分热衷于各种各样奇怪的发型，没事就往理发店跑。陈妈妈经常抱怨说：“这种不伦不类的发型有什么好看。我每次和女儿说时，她还挺有理，说这叫‘个性’。我就告诉她，就算是个性也是丑个性。”一所中学的老师也为学生的“个性”感到头疼：“很多学生喜欢火星文，平时在网络上写也就算了，可是却有人在作业里用火星文，我连看都看不懂。”据了解，多数青春期的孩子不愿意自己在人群里默默无闻，他们希望自己是某个特定圈子里最独特、最有个性的人，于是便用各种违背常理的行为来引起他人的注意和重视。

很多妈妈会觉得：没办法，孩子到了青春期本来就是要长个性的，既然管不住就随他去吧。

其实不然，青春期是孩子性格形成的重要阶段，而性格对于以后的人生有着极为重要的作用。这在女孩性格的塑造上体现得尤为明显。但青春期绝不是长个性，这是孩子甚至父母的认知误区。

在日常生活中，如果女儿用各种各样的方法来表现“个性”，作为妈妈既不能放任自流，也不能一口气打压下去或者是发生激烈的争吵。因为在女儿最熟悉的女性中，母亲绝对是排第一的，她也许嘴上不说，但心里仍然希望得到妈妈的认可与赞美。

妈妈贴士：

在妈妈的印象里，女儿永远是青涩柔软的，如一张白纸般纯洁可爱。但是，变化是悄悄发生的，也许在某一个清晨醒来，女儿忽然就变成自己不认识的样子了。她开始用各种各样奇形怪状的方法对你彰显她的个性，这个时候就轮到妈妈手足无措了。古人告诉我们：知己知彼，百战不殆。女儿到底在想什么？让我们一起来听听她们的心声吧。

1. 我的头发我做主，连我穿什么你们也要管。不要管那么宽好吗？我有我自己的个性，请尊重我的选择，我不是你们，我有我自己的生活方式。

2. 这都什么年代了，我们之间的代沟太宽，品位差太多。如果我打扮成你们希望的那个样子，别人会觉得很土，会被嘲笑的。

面对女儿所标榜的“个性”，建议妈妈尽量用柔和的软手段来应对。

1. 让女儿明白，通常所说的“有个性”是指有主见，能坚持自己的正确观点和合理行为。而她认为的“个性”仅仅是一个很狭隘的观念，外表的“个性”只能是一时的迷惑，只有性格上的独立与成熟才会为人所尊重。

2. 要耐心教导女儿，青春期是生理以及心理逐渐成熟的阶段，在这个时期里有许多东西要去积累和掌握，比如知识、人际关系、积极的人生观、正确的价值观和世界观以及独立清晰的思维模式，在这个宝贵的时期里，有那么多的事情要去做，绝对不是长“个性”的最佳时机。

3. 最好让你的女儿有一个健康的爱好，无论是艺术还是运动，以此来消耗这个阶段孩子过于旺盛的精力，使她无法分出时间去关注自我“个性”。

第二章 乳房与体毛的变化
——青春期女儿的身体发育信号

某个清晨醒来，女孩会忽然感到胸前有微微的胀痛感。犹豫了半天告诉妈妈，这才知道原来“小花苞”要开始长大了。其实，青春期的发育是从乳房开始的，妈妈要时刻注意女儿身体以及心理的变化。因为在这个漫长的过程中，女儿会为自己胸前异于常人的凸起而害羞，甚至选择弓着背走路以掩盖自己的窘迫，结果可能造成脊椎的不正常弯曲，影响以后的形体健康与美丽。因此，在青春期发育这个春蚕破茧的过程中，妈妈要给女儿上关于乳房的每一堂课，让女儿明白这是身为女性的骄傲而不应该自卑，从而更加地珍惜自己，爱惜乳房。

6. 青春期发育从乳房开始

很多妈妈都有一个错误的观点，认为青春期的开始是以女儿的初潮为标志。

其实不然，医学上普遍认为，正常性发育是按照这样一个规律发展的：女孩乳房最先开始发育，然后出现阴毛和外生殖器发育，最后才是初潮出现。也就是说，女孩胸部的发育才是青春期开始的标志。

苗苗是个刚上初一的女孩子，剪了一头清爽的短发，性格大大咧咧也不爱穿花裙子，因此一直被周围的同学当成男孩子对待，她自己也喜欢“假小子”的称号。但是步入青春期以后，她发现自己和周围的男生是不一样的，她的胸部开始隆起，这让她很是手足无措，平常和男生玩闹的时候，如果不小心被碰到胸部，就会觉得很不好意思。这让她没办法像以前一样肆无忌惮地和男生玩闹。苗苗不明白：自己的身体到底怎么了？

苗苗的困扰，是许多刚进入青春期的少女所共同面临的问题。

从 7~8 岁开始，女孩身体各项系统开始进入发育阶段。大概 2 年之后，在卵巢激素、垂体激素和胰岛素的共同作用下，乳房开始发育。

女性乳房的发育期间在 9~14 岁，发育完成约需 4 年。但由于个体差异，发育快的人，在 1~2 年内即可完成，而发育缓慢者，可能要长达 10 年之久，甚至等到初次妊娠才能发育完全。不过在这里要提个醒：虽然乳房发育的年龄有极大的差异性，但若是超过了 15 岁，乳房仍然没有发育迹象，就属异常现象，建议及时到医院就诊。

女性乳房发育的表现一般是 9~10 岁时乳头长大，10~11 岁时乳腺增生，且形成乳核，用手轻轻摸上去可以感觉到一个结节或小硬块，按压会疼痛。12~13 岁时乳腺管与皮下脂肪渐渐加厚，乳房日趋隆起并且富有弹性，乳晕和乳头的颜色会慢慢变深。发育成熟的乳房一般呈半球形，位于第 3 根至第 6 根肋骨之间。乳头具有勃起功能，触摸时发硬。

乳房开始发育，在某种意义上意味着女儿从一个女孩步入了少女的行列。不过，明显的胸部生理特征会给女儿造成一系列的心理压力。这个时候，妈妈应该给予女儿正确的引导和关注，多和女儿沟通，让女儿明白胸部发育是每个女孩都会经历的一件事，或许会让人害羞，但并不可耻。而女性天生就该以胸部为荣，不仅仅关注外形的美观，更重要的是要意识到乳房是哺乳器官，对于以后哺育下一代有着至关重要的作用。

通过一系列的开导，女儿就会慢慢放下因为胸部隆起的羞涩，解开给自己铸上的精神枷锁。同时，还会及时纠正不正确的走路姿势，避免造成驼背或者胸部发育畸形等问题。

妈妈贴士：

女儿开始发育了，妈妈是又喜又忧：既为女儿步入成年而高兴，又担心女儿胸部不能够正常发育，给以后的人生带来遗憾和困扰。这时候，记得让女儿多吃一些有益乳房的食物，为她的发育加油。

1. 富含维他命 A 的食物：如花椰菜、甘蓝菜、葵花籽油等，有利于激素分泌，帮助乳房发育。

2. 富含维他命 B 的食物：粗粮、豆类、牛奶、猪肝、牛肉等，有助于激素的合成。

3. 食补药膳：在发育期如气血不足，可服食中药“归脾汤”加“加味四物汤”调补气血。也可以食用当归炖母鸡来补血壮体，帮助胸部发育。

7. 乳房发育时，又胀又痒

乳房开始悄悄隆起，对每个尚且青涩的女孩而言，是一件要放在心里不敢让人知道的小秘密。她只敢在夜深人静的时候悄悄地摸一摸，或者在洗澡的时候对着镜子偷偷看一下，确定真的发生了凸起变化，就会有点惊讶，有点彷徨，有点迷惑，甚至有点害怕。

刚开始发育的时候，胸部会有一点胀胀的感觉，但是懵懂的女孩对此毫无认知，只是静静地等那一阵一阵的胀感过去，不敢让任何人知道。

芳芳今年11岁，她从上个月起就隐隐感觉到自己原本平坦的胸部开始有了一些细微的变化，但是因为害羞和懵懂，没有告诉妈妈。最近芳芳会忽然觉得胸部那里有胀胀的感觉，有时候甚至会有痒的感觉。上课的时候忍不住但又不能抓，结果老是走神，影响了学习。老师问起来，芳芳也不好意思开口，只是偷偷地担心：胸部为何又胀又痒呢？难道是生病了吗？

其实，对于这个年龄段的女孩子而言，要她一个人去发现胸部变化的秘密，的确很困难。这个时候，就需要妈妈细心观察女儿胸部的发育情况，适时告诉她关于胸部的一些基本知识。

为什么女孩的乳房发育时会又胀又痒呢?

原来，这是由中枢神经系统掌管控制的。它就像一个指挥官，发出命令让垂体分泌一种促性腺激素，这种激素作用于卵巢后，会促使卵巢分泌雌激素和孕激素。

雌激素能够促使乳腺导管的增长以及分支的发育，让女孩胸部的“花苞”慢慢长大；而孕激素则是促使乳腺腺泡发育，脂肪沉积，使“花苞”看上去更加饱满。

在这个发育的过程中，因为激素水平的关系，伴随着一些轻微的胀感是正常的生理现象，妈妈要记得宽慰女儿，减轻她心理上的负担以免影响身心健康。

同时，妈妈要注意不能给女儿穿过紧的衣服，避免挤压乳房或乳头。同时，要让女儿少吃高糖高脂的食物和使用了催熟剂的食物。

而乳房发痒其实也是一种正常的发育现象。这是因为乳房的淡褐色乳晕汇集了许多腺体，分泌出一些油脂样的物质。长时间的积累使脂质酸化及污垢堆聚，刺激乳房的局部皮肤，引起痒感。

妈妈贴士：

女儿进入青春期后，妈妈要更加注意孩子的个人卫生特别是乳房卫生。为了帮助孩子健康地发育，妈妈要告诉女儿平时清洁乳房时的一些注意事项。

1. 不要频繁地用香皂清洗乳房，这样会对乳房周围的肌肤有一定的刺激。

2. 如果条件允许的话，最好让女儿用温开水清洁乳房后，再用冷毛巾敷一下，刺激血液循环，从而增强乳房皮肤的弹性。

3. 告诫女儿感到乳房发痒时千万不要用手抓，如果不小心抓破了也不能乱用药，而要及时去医院就诊。

8. 乳房发育时为什么会疼痛

女孩的乳房在发育时，除了感到又胀又痒外，有时还伴随着各种各样莫名的胀痛。

这个时候，没有专业知识的女孩就会变得惊慌恐惧，害怕自己有什么不正常。这个时候，妈妈就该发挥“指路人”的作用，帮助女儿正确面对乳房的疼痛感。

甜甜是个害羞内向的12岁女生，这段时间她一直被一个麻烦困扰着。原来，前几天她洗澡时偶然摸到自己如小丘般隆起的乳房，觉得有点硬硬的，但当时并没有太在意。这两天月经来了，相伴地，胸部偶尔会有轻微的疼痛感，弄得甜甜心烦意乱，又不知道是什么毛病，担心得不行。想问问妈妈是不是自己得了什么病，但又不想让妈妈担忧，就不敢说出口。好不容易鼓足勇气去问，妈妈只是说：“这是正常的发育现象，没什么的。”这样轻描淡写的回答，一点也不能缓解甜甜内心的担忧。

青春期少女内心敏感细腻，她们渴望了解自己的身体，却苦无渠道。而妈妈也不是医学专业毕业的，对于经期乳房疼痛的问题也说不出具体原因。

其实，有很大一部分青春期正在发育的少女，在月经前两三天都会出现乳房胀痛的情况，这种感觉会随着月经的来临而慢慢消失。

原来，月经来潮前体内雌激素水平会增高，致使乳管扩张，上皮细胞增多、肥大，从而引起乳管周围基质水肿，乳房胀大变硬。这个时候会发现，乳房内有结节样块状物，轻轻摸上去还会感到胀痛、压痛。

其实这是乳房发育中正常的生理现象，妈妈要和女儿解释清楚，不能让她过分担心，影响健康。

当然，这种事情如果女儿不说，妈妈恐怕很难发觉，所以提前普及青春期的知识就显得尤为重要。妈妈千万不能怕女儿害羞或者尴尬而不说，或者认为女儿到了一定年龄就会明白，要知道，女儿在寻找“真相”的过程中，很可能走很多弯路甚至走到错误的道路上，那个时候就已经错过了最佳的胸部知识教育时期。

最后，妈妈还要注意，如果女儿的乳房胀痛长时间不见缓解，甚至越来越严重，最好及早带她去医院检查诊治。

妈妈贴士：

青春期女孩在乳房发育过程中出现的胀痛，不仅是一种生理上的疼痛，还会引发精神上的困扰。这时，妈妈除了要安抚女儿躁动的情绪外，还可以从以下几个方面入手，缓解女儿身体上的疼痛。

1. 注意饮食。多吃低脂高纤的饮食，如谷类、蔬菜及豆类。月经来前的 7 ~ 10 天应避免食用易使乳房胀大的高盐食物。

2. 经常按摩。将沐浴露涂在乳房上，沿着乳房表面用手指旋转约一个硬币大小的圆。然后用手将乳房压入再弹起。这种按摩可使过量的体液再回到淋巴系统。

3. 试用热敷。可用热水袋或洗热水澡等方式缓解乳房疼痛。如果采用冷热敷交替法，会有更好的效果。

4. 防止肥胖。如果你的女儿身材过于丰满，建议减轻体重以缓解乳房胀痛。

5. 切忌用药。千万不能胡乱吃些消炎药或是抗生素类药来治疗乳房胀痛，这是非常危险的。

9. 两个乳房一样大吗

随着女儿一天天成长，细心的妈妈会关注到女儿胸前的两个“花苞”也在逐渐盛开，就要形成美丽的“花朵”。

但是，胸部发育一直是女性最为困扰的问题，任何不良的习惯都有可能导致胸部发育不良，影响以后的人生。

那么，怎样的胸部才是发育不良呢？

女孩进入青春期后，如果有乳房平坦、乳头小、乳晕范围小、颜色浅、两侧乳房发育不对称或乳头内陷等现象，那就是乳房发育不良了。

于是，各种各样关于乳房发育的问题纷至沓来，其中被问得比较多的一个问题就是：为什么女儿的两个乳房不一样大？

姗姗的妈妈给女儿买文胸时，偶然发现女儿的两个乳房发育的速度不一样，有一个乳房已比较饱满，可另外一个居然还平坦得和没发育一样。姗姗的妈妈非常担心，怕女儿另一个乳房不发育，那多影响美观啊。于是，她赶紧带姗姗去了医院。到了医院，姗姗的妈妈看到另外一对母女也在看医生，原来那个女孩的两个乳房是同时开始长的，可是大小却不一样，女孩的妈妈也担心女儿以后乳房不对称，于是赶忙带女儿来看医生。

其实，妈妈不用太紧张。一般来说，女性的两个乳房不一定是百分之百相等的，准确来说是“大小相似”。这其实并不是什么乳房病态，就好比人身上其他对称性器官也不会完全一样。

少女的乳房在发育过程中，时常会出现左右不对称的现象。一般来说，要发育到两边完全一致也是很困难的，往往会出现一侧体积稍微大一点，一侧稍微小一点；或者一边稍微高一点，一边稍微低一点的现象。

如果乳房差异不大，就是属于生理性因素。因为女性荷尔蒙会影响正常乳房腺体的发育，如果左右两侧乳房对女性荷尔蒙的反应不一致，就会出现某一侧的腺体增生比另一侧更为活跃，在外观上就显得体积更大一些。

这些都是正常的现象，在少女乳房发育过程中并不少见。等到两边都发育成熟时，左右乳房的大小就会趋于一致了，对此不必忧虑，更不要急着寻求手术的帮助，耐心等待即可。

如果乳房发育成熟后依旧不一样大，也不用太过担心，除了影响身体曲线的美丽外，对于以后的性功能、生育以及身体健康并没有太大影响。

当然，乳房发育不对称也有可能是由某些疾病或错误的生活方式所导致的。有的受胸部外伤、烧伤、烫伤等影响，有的则是女孩在青春期时穿过紧的文胸，限制了乳房发育。除了以上两点，还有可能是乳房内长了肿瘤所致。一旦发现女儿乳房内有硬块，妈妈应及时带女儿去医院就诊。

妈妈贴士：

如果你爱美的女儿为乳房大小不一致而苦恼，那么这个时候，妈妈除了在饮食上要注意搭配外，还可以教女儿一些小方法来改善乳房不对称的困扰。

1. 应该细心观察一下女儿哪边乳房较小，平时就让她用那侧的手来练习哑铃。

2. 告诉女儿，在洗澡的时候可以按摩较小的乳房以促进发育。当然，还可以用热毛巾敷在较小的乳房上，以促进血液循环。

3. 睡眠的时候，帮助女儿养成往较小的一边侧睡的习惯。

10. 乳房是大好还是小好

刚刚迈入青春期后，有一部分女生会为了发育过快而烦恼。特别是胸前的“花骨朵”如雨后春笋般苏醒，比同龄的女生长得都快，会让很多女生既羞又恼。

小兰今年刚上初二，但不知道什么原因，胸部比同龄的女生发育得要快。其他女生还在穿吊带背心的时候，她就已经穿上了妈妈为她准备的文胸。她甚至明显感到周围的女生对她的指指点点，因此每次走路的时候都习惯性地把胸部弓着，尽量不引起别人的注意。而体育课则是她最讨厌的，因此每次跑步胸部都会起伏很大，被周围的人嘲笑。这让她很苦恼：女生为什么会有这么大的胸部呢？

其实，乳房发育比较早的女孩，都会有类似难堪的感受。异样的目光伴随她们走过了整个青春期。很多女孩因为缺乏妈妈的正确引导，误认为胸部大是不好的、不正常的，导致内心抑郁，甚至自卑。

然而，一些发育较晚的女孩，同样因为胸部大小的问题而困扰。

青青的妈妈最近带女儿去了医院，原来青青过了15岁还没有开始发育。年纪小的时候还没有什么感觉，等到周围的女生都有了高耸的乳房，只有自己依旧是“太平公主”时，青青才意识到了自己是不正常的。她缠着妈妈给自己买文胸以掩盖自己没有发育的事实。可是一上游泳课，青青就没办法掩盖自己平坦的胸部了，这让青青承受了很多来自同学们关于“飞机场”的嘲笑。

甚至，有很多发育不早也不晚的女生，也会为了胸部而难为情。

宁宁和其他女孩一样，11岁的时候胸部开始正常发育。但不知道是不是因为个子高、身体瘦的原因，她发现自己的乳房比班里其他女生都要小很多。一到夏天，其他女生穿漂亮的连衣裙，曲线动人，宁宁只能自惭形秽。她不断问自己：“为什么自己的胸部比别的女生要小呢？”

根据调查显示，我国青春期少女乳房发育在14~18岁时基本成熟。但是，由于性发育的不同类型、遗传因素、营养状况及运动锻炼等因素不同，乳房的发育也不尽相同。

较胖的女孩因为身体脂肪偏多，乳房间质也充填着脂肪，比较丰满，属于早熟型；偏瘦的女孩，其乳房间质脂肪要相对少一些，属于晚熟型；至于均衡型，则处于早熟型与晚熟型之间，乳房发育形状适中。

专家分析，遗传因素是影响乳房大小的重要因素。如果女生妈妈的乳房偏小，那么女孩的乳房大都偏小，反之亦然。当然，遗传因素只是其中的一个原因，并不能起绝对作用。

妈妈贴士：

为了促进女儿乳房的正常发育，妈妈除了平时在饮食上要多加注意外，还要督促女儿多做一些运动。在这里，推荐以下几个小练习，供妈妈教导女儿时参考。

1. 集中并抬高运动：双手平举在肩膀两侧，双手手心向下；双臂向胸前位置交叉合掌；手臂伸直，向上抬高到头顶上方，双臂贴耳侧；再缓慢向下放回到胸前位置。缓慢进行10次左右。

2. 抬高胸部运动：双手向内曲肘，下手臂重叠在胸前成口字型；由上手臂带动，缓慢向上提高到额头前面，然后再下放回到原本的预备位置。上下来回相互进行10~20次。

3. 游泳：游泳除了对肺部和保持健美身材有益外，对乳房的健美也很有帮助。尤其是蝶泳和自由泳，这两种泳姿最易使胸部肌肉强韧，并使乳房丰满。

11. 女儿的乳头内陷怎么办

乳房的发育情况，如果单是大小形状的问题，妈妈通常能从外观上发现，但如果是小“花蕊”的问题，女儿不提出来妈妈就很难注意到了。但年纪尚幼的女儿，对女性身体认识不够清晰，于是“花蕊”一直没有长出来的问题就被忽视了，结果错过了最佳的治疗时机。

上面所提到的，就是女孩“乳头内陷”的问题。有些女孩的一个或两个乳头内陷在乳晕里而不是突出在上面。随着生长发育，有些塌乳头也许会长出来，还有一些则一直处于“内陷”的状态。

小秋今年上高一，16岁的她已经出落得亭亭玉立，曲线动人。但她一直有一个不敢告诉别人的秘密，那就是她“没有”乳头。以前年纪小的时候，她不知道自己的胸部发育不正常，只以为大家都是这样的，直到高中有一次上完体育课淋浴时才发现，其他女生乳房上都会凸起一个小“红豆”，不论她的胸部是大是小，而自己却没有。后来小秋一个人悄悄查了一些资料，知道自己这样是“乳头内陷”，是乳房发育不良的一种表现。于是，小秋赶紧告诉妈妈，让她带自己去医院检查。

乳头内陷其实是一种乳房畸形，有一些甚至是恶性肿瘤在乳房上的外在症状，因此一定要给予足够的重视。

青春期开始后，体内激素水平变化，随着乳房发育，乳头也渐渐凸出增大。青春期少女的乳头一般较小，但都凸出乳晕平面；还有一些女生的乳头部分或全部低于乳晕平面，甚至反向内凹，陷于皮面之中，使得乳头处呈火山口状，这种情况被称为乳头内陷。

青春期少女在乳房发育时经常感到害羞，于是穿上紧身内衣将胸部束紧，或者过早地佩戴尺码较小的文胸。此时，乳头就会因挤压而深陷在乳房中，形成乳头内陷。

很多妈妈将乳头内陷不当一回事，认为从外形美观上看不出来。但从长远考虑，女儿若是结婚后，乳头内陷一来会影响两性关系，二来对于以后哺乳也有很多的麻烦。

那么，很多妈妈会问，女儿的乳头已经内陷了，我该怎么办呢？是不是要通过手术来解决呢？

妈妈贴士：

其实，对于处于青春期尚在发育的少女来说，可以通过一些简单的方法来改善乳头内陷的问题，并不一定要做手术。

1. 牵拉法：每天早、晚用手指轻轻将内陷的乳头向外牵拉，同时用拇指或食指轻柔地按摩乳头，一次5～10分钟即可，一日数次。这个方法可使双乳凸出、周围皮肤支撑力增大，达到效果。

2. 挤压法：在10厘米宽的布条上开一个乳头大小的孔，戴上布条后用劲把乳头往外挤，一段时间后，即可达到效果。

12. 乳房不能“拔苗助长”

我们提到了一些身体纤瘦的女孩的乳房一般都比较小巧，这是由身体因素所决定的，无法改变。可现代社会，人人欣羡乳房丰满的女孩，夸赞其身材好、性感。

大的时代背景使整个社会形成了一种崇尚乳房丰满的风潮，而学校也不能避免。于是，那些发育不良、胸部较小的女生被加上诸如“太平公主”、“飞机场”、“搓衣板”等外号，从而陷入自卑。为了摆脱这些难听的外号，有的女孩想方设法寻找各种帮助乳房长大的方法，但结果都是“拔苗助长”，毫无意义。

美美是一个纤瘦的高二女生，班级里同龄女生的胸部基本都发育完全，呈现出漂亮的线条，而美美的胸部却小得就像没有发育一样，买内衣的时候特别自卑地说出32A的号码。有时候逛街看到漂亮的衣服，因遗憾无法撑出优美的曲线而放弃。平时和姐妹们聊天的时候，大家有意无意地会拿美美的平胸来开玩笑。虽然是无心之言，但仍旧让美美很伤心，甚至自卑。美美偷偷上网查了一些关于丰胸的资料，甚至想过要去做隆胸手术。

其实，像美美这种还处于青春期的少女并不需要为胸部过小而烦恼。毕竟还处于生长发育阶段，采用一些不恰当的方法比如吃药或者手术，其实都是“拔苗助长”，要知道，任何快速丰胸的背后都会对身体产生很大的负面影响。

当然，追求美丽是女人的天性，即使女儿现在年龄还小，但这并不妨碍她对于丰满乳房的追求，这个时候与其让女儿自己胡乱找一些方法，不如由妈妈来帮助女儿拥有完美的乳房。

如果你的女儿和美美一样，都属于纤瘦型的女生，那么引起她胸部发育缓慢的原因很有可能是胸大肌发育不良所引起的。这个时候就需要通过加强体育锻炼来达到促进胸部发育的效果。尤其需要注重锻炼胸部肌肉，例如适当做些扩胸运动、俯卧撑、游泳、健美操等，强健胸肌和悬韧带，乳房自然会变得丰盈。

除此之外，青春期少女不论是端坐还是行走，都要抬头挺胸、收腹提臀、背部平直，这有利于胸大肌力量的增强，给乳房以托力。睡觉时应该采用仰卧位，不能趴睡，挤压胸部，阻碍发育。

除了运动和坐卧习惯外，饮食合理、营养充足也是这个阶段女孩胸部发育的关键因素。

首先，保证饮食充足、多样，均衡是首要条件。

其次，应该让女儿多吃些富含蛋白质、脂肪以及能促进性激素分泌的食物，如奶制品、禽肉、蛋、鱼虾、牛肉、麦芽、蜂蜜、坚果、干果、豆制品等。

最后，蔬菜水果也是必不可少的。可多吃莴苣、山药、香菜、西兰花、苹果、奇异果等。

妈妈贴士：

运动和饮食是促进女儿胸部发育的两大法宝，但在这里不得不提到另外一种有效方法，那就是按摩。很多人都知道按摩胸部可有效增大乳房，却一直弄不清正确的手法是怎样的。在这里为各位妈妈介绍一些简单的手法，方便大家教导女儿。

1. 直推乳房：先用手掌面在一侧锁骨下方，乳房上部着力，轻轻地向下一直推到乳房底端，再沿原路线向上推回，大概30次后，换一侧继续。

2. 侧推乳房：把手掌放在胸部正中央处着力，均匀轻柔地横向推按，从一侧乳房直至腋下，返回时用五指指面将乳房组织带回，反复30次后，换一侧继续。

3. 热敷按摩乳房：晚上临睡前用热毛巾敷两侧乳房5分钟后，再用手掌轻轻按摩乳房周围，按摩30次。

以上按摩方法短期内无法看到显著效果，需要天天坚持，切忌“三天打鱼，两天晒网”，相信只要持之以恒就会收到很好的效果。

13. 什么时候为女儿准备文胸

走过了细雨霏霏的青春初期，女孩们揭开了成长的神秘面纱，带着朝气与自信来到了青春的成熟期。这个时候，原本如青芽一般瘦小的身体渐渐摆脱了“豆芽菜”的形态。

而文胸这个要伴随女性大部分时光的“好朋友”渐渐走进了少女的生活。

背心明显不适合日渐成熟的身体，但什么时候给女儿准备文胸，是妈妈的一个难题。

程妈妈最近有一个难题，刚上高一的女儿有一天忽然告诉自己，班上有女生穿文胸了。程妈妈知道女儿背后的意思是：自己是不是也应该穿文胸呢？程妈妈其实一直关注女儿的胸部发育情况，但在她的观念里，女儿胸部还太小，没有必要穿文胸，对发育不好。但是，具体到什么时候穿，自己也拿不准。找了一些资料来看，结果发现16岁的女生其实差不多到了可以穿文胸的年龄，但程妈妈始终觉得自己女儿胸部并没发育成熟，还是应该再等等。

我们都知道，乳房刚开始发育的一段时间里，如果过早地穿文胸会影响乳腺的正常发育和日后的功能。最好是等到乳房充分发育完全后，再开始佩戴松紧合适的文胸，并且适时调整尺寸。

但到底什么时候穿文胸呢？这其实并没有固定的时间，而是要看女生胸部发育的具体情况。

一般来说，如果上下胸围差别在4厘米左右，就没有穿的必要；等到相差七八厘米时，就可以穿普通的小背心了。要是发育到差了十三、十四厘米时，就得开始穿文胸了。

通俗地说，如果女生跑动会明显感到乳房晃动，这个时候就可以选择穿戴合体的文胸。这是因为乳房只有腺组织和脂肪，没有肌肉组织，只能靠结缔组织支撑。但是，结缔组织并没有弹性。随着女孩的乳房不断成熟，如不戴文胸来支持乳房，就会使乳腺负担不均匀，妨碍乳腺内正常的血液流通，从而造成部分血液淤滞，引起乳房病。

除此之外，文胸还有保护乳房、增加乳房美感、保健乳房的作用。

妈妈贴士：

刚刚开始穿文胸的少女常常会觉得文胸穿着很不舒服，很难受。这其实是还不习惯文胸的表现。但对于刚穿文胸的女孩来说，有些小细节需要注意，如果忽视了很可能对胸部发育产生不良影响，这个时候妈妈既要告诉女儿相关的知识，也要在生活中时时纠正。

1. 晚上睡觉时不能让女儿戴着文胸，一定要叮嘱她把文胸取下来，以保证睡眠时呼吸顺畅，血液流通。

2. 告诉女儿，文胸一定要单独清洗，千万不可与其他衣物放在一起清洗，以免造成细菌感染。

3. 教导女儿在洗文胸的时候，要用手轻柔地清洗，以免文胸变形、松垮。

4. 带女儿挑选适合洗涤纯棉衣物的中性洗涤剂，提醒她洗完后多清几次水，以免残留在文胸上的洗涤剂刺激乳房。

5. 清洗干净后，让女儿将文胸放在通风干燥的地方阴干，然后马上收好，不要沾灰。

6. 最后妈妈要告诉女儿的是，新买的文胸一定要先洗过才能穿。

14. 教女儿选择内衣尺寸

因为青春期发育程度的不同，每个女孩的乳房都会有大小之分。等到了应该穿文胸的时候，如何选择一款适合自己的文胸，是每个女孩最为关心的话题。要知道，一个合适的文胸除了能保健少女幼嫩的乳房外，在外观上还能起到一个修饰的作用。

当然，这个时候要注意的是，既不能因为害羞而选择过紧的文胸束缚胸部，也不能为了好看而选择过大的文胸撑面子。

那么，该如何选择内衣的尺寸呢？

首先，随着青春期不断地发育成熟，少女胸部的SIZE也会不断变化，每隔一段时间最好自己在家测量一下，以免出现新买的文胸不合适的情况。测量尺寸要从上胸围和下胸围两处着手。以乳点为测点，用软皮尺水平测量最饱满的一周就是上胸围的尺寸；用软皮尺测量胸底部一周，即为下胸围尺寸。举例来说，上胸围的尺寸如果为83厘米，下胸围的尺寸为70厘米，那么文胸的尺寸为13厘米（83－70＝13厘米），应选择12.5厘米左右对应的B罩杯，这个时候就该买70B的文胸了。

其次，我们要对文胸的罩杯做一个详细的了解。文胸罩杯分为全罩杯、1/2罩杯、3/4罩杯。具体选择哪种类型的罩杯，就要依据具体的期望效果而定，不一而足（详见第31页的“妈妈贴士”）。

最后，戴文胸其实也是一门学问。只有将适合的文胸采用正确的方法贴身穿着，才能体现文胸的价值。那么，怎样的穿法才是正确的呢？

第一步，将肩带套在肩膀上，上身略微往前倾斜，同时托住文胸下面的钢圈。

第二步，将两边的乳房轻轻地完全放入罩杯内，扣上扣环，再将腋下的赘肉从锁骨45度处往罩杯内提。

第三步，调整肩带长度，以可以伸进一指的松紧度最适宜。做完这些以后，将手上举，查看胸罩下围是否上滑。

第四步，再次检查有没有未收进罩杯的赘肉，然后将文胸两侧拉平。

第五步，最后抓着后面的扣环往下拉，调整到最舒服的感觉为好。

上面讲完了文胸尺寸的选择以及戴法问题，在这里不得不再提到一点需要注意的地方，那就是文胸材质的选择。青春期的女孩子精力充沛，新陈代谢较快，最好选择透气性好、吸汗力强的纯棉质地文胸，以有效防止汗液积聚乳房引起的炎症和感染。

除此之外，最好不要给尚且还在发育的少女选择带有厚海绵垫或钢圈的文胸，这两种文胸都会限制乳房发育的空间，导致血流不畅，引起乳房疼痛。

妈妈贴士：

因为个体差异，每个女孩“花苞”的大小都不尽相同。有的女孩因为胸部太小而苦恼，有的女孩则烦恼胸部太大。其实，只要选择适合的罩杯，就能穿出最美的风景。

1. 如果你的女儿是 A 罩杯，那么建议穿 1/2 罩杯和 3/4 罩杯的拢胸内衣最为合适。具有带饺子垫或侧推功能的 3/4 罩杯拢胸文胸，最能将胸部娇小少女的匀称之美体现得淋漓尽致。如果想让胸部看起来更为浑圆，建议穿戴 1/2 拖带围文胸。

2. 如果你的女儿是 B 罩杯或者 C 罩杯，那么这个让人赞叹“增一分太过，减一分太少”的标准美胸则适合3/4罩杯。其最佳的集中效果会令乳房自然集中靠拢。

3. 当然，女儿胸部发育到 D 罩杯的情况虽然少，但也不是没有。这个时候最好使用 3/4 罩杯和全罩杯的文胸，来防止乳房下垂。

15. “秘密花园”长起“草”

青春期像是一首明媚而忧伤的小诗，走过其中的少女们一方面感受成熟的美好，另一方面却要面对成长的尴尬。

尤其是多愁善感的少女，在不断接受身体变化的同时，还要承受相关的心理压力。比如逐渐绽放的“花苞”，又或者是“秘密花园”长起了“草”。

淼淼今年13岁了，正是豆蔻年华，最爱美的年龄。有一天洗澡的时候，淼淼忽然在浴室里大叫一声！妈妈赶紧赶过去，却见淼淼蹲在地上不肯起来。妈妈好说歹说哄了半天，才从淼淼支支吾吾的言语中了解到，淼淼发现自己的"秘密花园"长了很多很难看的"草"，她哭着问妈妈："能不能不要呀，如果在学校里上厕所被同学看到，多难为情。一定会被嘲笑的。"淼淼的妈妈安慰她说："每个女孩子到了一定的年龄都会长的，不要担心。"但淼淼不相信，仍在问："为什么会长呢？"

是呀，为什么女孩子的"秘密花园"会长"草"呢？

阴部的毛发因为生长在人体的隐私部位而被认为是人体特殊的毛发之一，每次提到它，都会觉得怪异而神秘。其实，阴部开始长出毛发是人类第二性征之一，女性阴毛的生长是由雌激素刺激所导致的。也就是说，当女孩的生殖器官逐渐发育成熟时，外生殖器附近就会开始长出阴毛。

很多像淼淼一样的少女起初会反感那特殊的毛发，甚至为此而感到羞耻。平时在学校里，不论是上厕所还是淋浴，都遮遮掩掩害怕被人发现，觉得那根本就是多余的存在，甚至觉得没有会更好，因而想方设法要去除干净。

其实，这种想法是错误的。"秘密花园"里的"草"并不是毫无用处的，它可以起到保护少女身体的作用。因为这部分的毛发能够吸收秘密部位分泌出来的汗液和黏液，并且向周围发散，这就有利于少女的身体健康。再者，少女身体的发育状况也可以通过它来体现。

因此，在这一点上，妈妈一定要给孩子解释清楚，尽量不要回避女儿提出的问题。要知道，妈妈越是回避，女儿就越感到神秘，而正是这份好奇促使孩子去探索其中的奥秘。如果孩子在自己探寻的过程中不小心走入一些误区，就会产生根深蒂固的错误观点，影响以后的人生。

那么，很多妈妈就会问女儿的"秘密花园"什么时候会长"草"呢？

原来，女生阴部毛发的发育一共分为六个阶段。

第一阶段：女儿10岁以前，"秘密花园"寸"草"不生。

第二阶段：女儿10~11岁时，"小草们"开始冒头，稀稀疏疏的，有一点轻微卷曲。

第三阶段：女儿 12～13 岁时，“小草们”开始增多，集中卷曲，并且又粗又黑。

第四阶段：女儿 14～15 岁时，“小草们”成片茂密，覆盖住“花园”前方。

第五阶段：女儿 16～17 岁时，“小草”蔓延到耻骨区，这个时候就是成年人的形态了。

第六阶段：18 岁以后，“秘密花园”里的“草”就会呈典型的倒三角形分布到大腿内侧。

不过，上面所列出的只是一般情况，并不是绝对的。因为每个女孩的体质不同，“小草”的疏密程度也不一样，所以，即便出现“小草”稀少甚至没有，一般也是生理性的正常现象，并不一定会妨碍女孩的生长发育。只要你的女儿其他第二性征正常，月经也会按时来潮，一般来说不会有太大的问题。日常生活中的大量事实和科学研究已经证实，阴毛并不是反映性功能或生育能力的标志。所以，妈妈要宽慰女儿，不要为此烦恼，更不要听信一些迷信说法，调整好自己的情绪才是最重要的。

妈妈贴士：

如果妈妈发现自己的女儿到了 16 岁，“秘密花园”还是没有长“草”的迹象，就会开始担心。其实，有些女孩的秘密部位没有毛发，可能是由两方面原因导致的。

1. 体内肾上腺皮质所产生的雄性激素的水平低下。

2. 阴部毛囊对雄激素不敏感。

16. 女儿的腋毛是什么时候长出来的

女性的第二性征在青春期的生长发育中不断完善，毛发的生长是其中较为明显的一种。而腋毛，也是女孩进入青春期的标志之一。

欢欢上了初三以后，就不大喜欢夏天了。以前的夏天，她可以穿上喜欢的无袖衣服，凉快地跑出去玩。但现在，如果穿无袖的衣服，欢欢就会非常小心，尽量不抬手，就算要抬也尽可能地减小幅度。原来，欢欢从初一开始，腋下就零星地长了几根细毛，上了初二，那些毛发开始快速生长，到了初三，欢欢腋下的毛发已经非常浓密了。这让她很苦恼，周围很多女生的毛发都很稀疏，为什么自己的就那么浓密、那么明显呢？这样，欢欢一点也不快乐了。

那么，女儿的腋毛是什么时候长出来的呢？一般来说，进入青春期的女孩在阴毛出现1～2年后，腋毛也会开始生长。我国女性大致在14～15岁时出现腋毛。

这究竟是什么原因呢？

原来，人类的毛发分为两种类型。一种不受性激素的影响，如头发、眉毛和眼睫毛等；另一种则是在性激素的影响下长出的，如阴毛和腋毛。而人类的腋毛就是在雄激素睾丸酮的刺激下长出来的。

胳肢窝里刚长出腋毛时，孩子会很不习惯，总觉得痒痒得难受。很多像欢欢一样爱美的女生，夏季穿无袖或袖口过短的衣服时，如果腋毛露在外面就会非常不雅观。

为此，许多女生想了很多办法去解决问题，比如有的女孩会趁妈妈不注意的时候用剪刀剪或者用小刀刮。

其实，这些做法是会损害健康的。

首先，无论是采用剪还是刮的方法，都不能阻止腋毛的正常生长。

其次，这种方式很容易造成腋窝的细菌感染。妈妈应该纠正女儿的错误观点，想一些方法让她正视腋毛这一正常的生理现象，以免损害自己的身体健康。

最后，腋毛并不是完全无用的，它的存在对人的身体是有帮助的。比如，腋毛对于腋下的皮肤能起到遮挡、保护的作用，使之不受细菌、灰尘的伤害；又比如，腋毛可以缓解皮肤之间的摩擦，保护腋下的皮肤。而且，它还可以帮助吸收汗液，避免汗水直接顺着身体流下。

妈妈贴士：

有些妈妈忽然之间发现女儿长了腋毛，而有些妈妈等了又等，都没看到女儿长出腋毛。这个时候，她会担心自己女儿的发育是不是出了什么问题。其实，一个人长不长腋毛并没有太大的关系，这可能是和以下两点原因有关。

1. 遗传因素。可能是父母双方中有一方或两方毛发稀少，不长腋毛。

2. 发育较晚。有些女孩发育比一般女生晚，同样地，长腋毛的时间也比较晚。

17. 女孩也长“小胡子”

不知道妈妈有没有仔细观察过自己青春期女儿的脸部，是光滑的只有细小的绒毛呢，还是在嘴唇上方出现了奇怪的“小胡子”？

没错，女孩也会长“小胡子”，对此不必太过惊讶。据了解，近年来越来越多处于青春期的少女有了长“胡子”的困扰。这种本应该长在男孩脸上的胡子出现在女孩的脸上，的确有些令人费解。

茗茗今年上初二了，从去年暑假开始她就觉得自己有些不对劲，总觉得嘴唇上面长了一圈黑黑的“小胡子”，而周围的女生朋友都是清一色的浅淡的小汗毛，根本不像自己的那么明显。不知道是心理作用还是怎么回事，每次照镜子的时候，茗茗都觉得汗毛的颜色更深了，怎么看怎么明显。茗茗听说，只有男孩子才会长胡子，难道自己其实是个男孩吗？

事实上，并不是只有男孩子才会长胡子，很多像茗茗一样的女生在青春期的时候也会出现这个奇怪的现象。嘴唇上面黑黑的一圈，虽然不像爸爸的胡子那样硬，但还是很难看，影响了容貌，破坏了少女爱美的心情。

因此，不少女孩子为唇部汗毛浓重而烦恼，又担心刮掉会长得更浓更黑，轻易不敢动，只能望着镜子唉声叹气，心里默默担忧。

这个时候，妈妈一定要及时安抚女儿的情绪，告诉她长“小胡子”是因为体内的激素分泌出了毛病。

青春期的女孩大多面临着各种各样的升学压力，其中高中女生占了很大的比例。处在这个年纪的少女生活无规律，精神压力过大，体内雌性激素分泌受到阻碍，雄性激素占据上风，这个时候“小胡子”就会隐约出现在唇上方。也就是说，单纯的药物治疗不能达到根治的目的，最重要的还是精神减压。

等到孩子走过了漫长的青春期，体内激素分泌重新平衡，雌性激素重新占领高地时，“小胡子”自然就会消失。

不过，要提醒各位妈妈一点，虽然“小胡子”的出现是雌激素的缺乏所致，但不可盲目给孩子补充雌激素。要知道，青春期发育最好遵循自然，不要过多人为干预，否则很可能会产生其他的副作用。

妈妈贴士：

“小胡子”不仅让女儿苦恼，也会让妈妈担心。那么，如果你的女儿长了“小胡子”，又该怎么办呢?

1. 这个时候，妈妈要告诉女儿，应该顺其自然不要太在意，因为在青春期里，无论用什么方法都是徒劳的。当然，如果已经到了很严重的地步，妈妈一定要带女儿去医院治疗，不可想当然地采用一些方法。

2. 妈妈要在精神上安抚女儿的情绪，不论是学习还是平时的生活，都尽量让女儿心情平和，不要有激烈的情绪，这样才能使雌激素慢慢恢复到正常水平。

18. 女孩的汗毛为何又粗又黑

进入青春期以后，一些女孩发现，自己原本光洁的身体上长出了很多汗毛。有些女生的汗毛较细，颜色较浅；有些女孩的汗毛则又粗又黑。

无论是细还是粗，从外表上来说多多少少都会影响到美观。更令人头疼的是，这些汗毛真是“无孔不入”，不论是手臂还是小腿都长着一片汗毛，甚至有些女生的乳晕和肚皮上都长了几根。

可能有些女孩，或是出于爱美又或者是觉得好奇，偷偷拿爸爸的刮胡刀把汗毛刮去。不刮还好，这一刮女孩才发现，后果更严重。

盈盈上初二的时候，第一次尝试悄悄地把手臂上细细的汗毛刮去。刚刚刮的第一天，手臂上干干净净非常光洁的样子，让盈盈很开心。可好景不长，第二天晚上，盈盈就发现毛孔那里冒了一点黑黑的东西。第三天，汗毛就如雨后春笋一般纷纷长出，而且比起以前的好像还粗了一些、黑了一点。盈盈不知道该怎么处理这些麻烦的毛发，只能把手臂藏得严严实实的，不让任何人看到。后来，盈盈听人说，汗毛千万不能刮，否则会越刮越多。

女生进入青春发育期后，身上的毛发更加活跃起来。一部分原本埋在皮肤里的毛囊，在激素的作用下长出新的毛发，作为第二性征的标志出现在少女身上。也就是说，青春期长汗毛是一件再正常不过的事。

妈妈看到盈盈的例子也应该明白，在女儿的身体发生变化的时候，就应该及时地告诫她不可以随便用刀刮或者是其他方法剃。虽然“汗毛越刮越多”这种说法是不准确的，但新长出来的毛发的确会比原来更加粗硬。

原来，当女儿把皮肤表面那些原本柔软的汗毛刮去后，原本在皮肤内又粗又黑的根部就会冒出皮肤，这才会给人一种“汗毛越刮越多”的错觉。

其实，汗毛对人体有着很重要的作用。在人体感觉寒冷的时候，汗毛会起到保留体内余温的效果；在人体燥热时，汗毛还能帮忙排出汗液，帮助身体降温。

很多妈妈会问，为什么女儿的汗毛生命力如此顽强，就算不碰也会越来越浓密呢?

这就和两个因素有关了。首先，自然是遗传因素。如果妈妈或者爸爸的汗毛比较茂盛，那么女儿很有可能是个汗毛浓密的“毛孩子”。

其次，在青春期发育的过程中，汗毛的多少在很大程度上取决于人体内雄性激素水平的高低以及毛囊对激素的敏感程度。女孩在青春期汗毛多，就是肾上腺皮质和卵巢分泌的雄性激素所致。

最后要说明的一点就是，绝大多数汗毛浓密的少女的身体健康状况是没有问题的，对于生长发育和婚后生育也没有太大的影响，妈妈不必过于担心。

妈妈贴士：

对于有的女孩来说，汗毛的生命力简直强大到和野草有的一拼，但对有些女孩子来说，毛发的生长并没达到正常水平，或者稀稀拉拉，或者干枯发黄。对于后一种女孩子，妈妈应该在饮食上注意一下，保证毛发正常生长。

1. 如果摄入的脂肪、蛋白质过少，会延缓毛发生长。

2. 维生素A、生物素、核黄素的缺乏会引起毛发的脱落。

3. 维生素B族、泛酸的缺乏则会导致毛发干枯、缺少色泽。

4. 微量元素锌、铁的缺乏会引发毛发的脱落。

19. 女儿的“战痘”计划

青春期的女孩越来越关注自己的外表，小镜子、小梳子成为她的贴身之物，但突然有一天发现自己脸上冒出难看的青春痘，她就不知所措了，每天郁郁寡欢、愁眉苦脸，为这些顽强的青春痘烦恼。

这时候，妈妈要怎样帮助女儿排解心里的苦闷，制订“战痘”计划呢？

小蕊和很多青春期的女孩子一样，有着一颗爱美之心，但是最近小蕊为自己脸上的青春痘烦恼不已，面对同学的嘲笑和自己内心的困惑，她越来越自卑，也没有心思学习，整天就想着如何消除这些讨厌的青春痘。小蕊的妈妈对女儿这种情况也非常头痛："不就是几颗小痘痘，至于那么担心吗？"妈妈常常会用一些无关痛痒的话来安慰小蕊，这反倒让小蕊更加的沮丧。

其实青春痘又叫痤疮，是由于毛囊及皮脂腺阻塞、发炎所引起的一种慢性炎症性皮肤病，也是美容皮肤科最常见的病种之一，通常好发于面部、颈部、胸背部、肩膀和上臂。

很多女孩进入青春期后，脸上不知不觉地起了许多疙瘩，有时还伴有痒痛、破溃，吸收后或出现暂时性色素沉着或凹状疤痕。少数严重的红疙瘩可出现更大的软囊肿、脓肿，破溃愈合后留下比较明显的疤痕，使面部皮肤凹凸不平，颜色深浅不一，十分难看。

那么，女孩子脸上为什么长痘痘呢？原因主要有以下六个方面。

原因一：内分泌失调。有些女孩虽然很注意脸部清洁，脸上出油也不多，可脸上总是会长成片的细小痘痘，这可能是因为内分泌失常引起的。

原因二：睡眠不充足。青春期的孩子由于学习紧张、功课较多，经常性的睡眠不足，使肌肤的新陈代谢紊乱，痘痘在这个时候就很容易在脸上长出来，这种痘痘大多出现在脸上的额头部位。

原因三：遗传因素。女孩子易生痘痘的油性皮肤，出油量原本就多，毛孔也比别人粗大，角质层也更厚重。在冬天，油性皮肤能保持良好的状态，但一到夏天，脸上就会不断地泛油光，甚至阻塞得一塌糊涂，脸上也就长出一堆痘痘。

原因四：皮脂分泌过于旺盛。皮肤的皮脂腺全年都会分泌，而春夏季分泌特别旺盛，不同人的皮脂腺分泌能力不同，油性皮肤的人油脂分泌特别旺盛，正因为分泌过多，所以毛孔很容易堵塞从而脸上长痘痘。

原因五：皮肤不洁。皮肤的角质层是皮肤的最外层组织，28天为最外层角质的一个代谢周期。如果角质层没有正常代谢而变得厚重的话，皮脂腺就无法正常排出，这样脸上就容易长痘痘，所以女孩子要注意皮肤的清洁与卫生。同时不要经常将手和脸进行接触，把手上的细菌无意间带到了脸上，从而促使脸上长痘痘。

原因六：食物刺激。女孩子经常喜欢吃油炸、麻辣等容易让人上火的食物，比如麻辣火锅、串烧、瓜子、核桃、巧克力、咖啡等，这些食物刺激性大，也会使痘痘在脸上安营扎寨，层出不穷。

妈妈贴士：

面对女儿脸上冒出的青春痘，妈妈可以从日常生活习惯和饮食两方面入手来进行调治。

1. 妈妈要教女儿注意面部清洁，常用温水洗脸，因为冷水不易去除油脂，热水能促进皮脂分泌。洗脸时不用刺激性的肥皂，不过硫磺皂对治疗青春痘有一定好处。

2. 提醒女儿不要用手去挤压痘痘，以免引起化脓发炎。而脓疮破溃吸收后易形成疤痕和色素沉着，影响美观。

3. 让女儿劳逸结合，保持精神愉快，这对青春痘的治疗十分有益。

4. 多吃富含维生素 A 和 B 的食物。维生素 A 有益于上皮细胞的增生，能防止毛囊角化，调节皮肤汗腺功能，减少酸性代谢产生对表皮的侵蚀。含维生素 A 丰富的食物有：金针菇、胡萝卜、西兰花、小白菜、茴香、荠菜、菠菜、动物肝脏等。维生素 B2 能促进细胞内的生物氧化过程，参与糖、蛋白质和脂肪的代谢。各种动物性食品中均含有丰富的维生素 B2，如动物内脏、瘦肉、乳类、蛋类以及各种绿叶蔬菜。

20. 明星的皮肤为什么如此光洁

青春期的少女正是追星的年纪，她可能喜欢长相俊美的帅哥，同时也会喜欢光彩动人的美女。这大概是自我刚刚觉醒的少女对于美好事物向往的一种情结。

女孩一边赞叹着女明星的美丽，一边又忍不住暗自期待自己有一天也能从丑小鸭变成白天鹅。但是，在变成白天鹅的道路上，有一个疑问一定要解决——为什么女明星的皮肤都那么光洁？身上似乎一根毛也没有？

不知道妈妈有没有被女儿问过这个问题，如果被问到了，又该如何回答呢？

其实，女明星的皮肤光洁靠的是两大法宝。

第一个法宝，就要感谢越来越先进的科学技术了。电脑 PS 能够将任何瑕疵掩盖，那些被放大的照片和海报大部分都经过了电脑的后期处理，使得被崇拜的偶像越发完美。

第二个法宝，便是各式各样、五花八门的脱毛方式了。

脱毛方式之一：刮除法是一种最为方便且应用最广的暂时性脱毛方式，通过手动式刀片将毛发剃除，但缺点是比较麻烦，且毛发生长很快，保持时间不长。另一种则是用高速旋转的齿轮将汗毛拔起。现代都市女性大多选择电动拔除式的脱毛器，简单方便易操作的同时，又不容易产生副作用。其可保持光洁顺滑长达四星期之久，更是备受女生青睐，唯一遗憾的是，使用的时候会有疼痛感。

脱毛方式之二：现在市场上，脱毛膏和脱毛蜜蜡备受吹捧。将脱毛膏涂在需要脱除的毛发上，一定时间内毛发就会被腐蚀，此时再用专门的工具把膏体和毛发一起刮除，清洗干净即可。但这种方法脱得很不干净，根部会残留在皮肤表面。蜜蜡则是利用其黏性黏住体毛，把汗毛从毛囊内连根拔除，相对比较干净，虽然还会再生，但再生的速度相对较慢。

脱毛方式之三：现在还有一种很流行的方法，那就是激光脱毛。通过适当地照射，让激光深入毛囊内，打击毛球和毛囊膨大部两个区域，将汗毛连根烧掉，破坏毛囊，从而达到体毛不再生长的目的。因为其速度快、痛苦小，又兼具“一劳永逸”的优点，所以备受明星的青睐。

总之，这些方式都有各自最适合的部位，妈妈要告诫女儿，最好不要乱用。

妈妈贴士：

明星一般大多是成年人，她们使用的脱毛方式不一定适合青春发育期的女孩子。而且每一种脱毛方式都只适合特定的部位使用，在这里做一个简单的介绍，方便妈妈为爱美的女儿选择一种合适的方式。

1. 刀片式剃毛器最适用的部位是腋下。

2. 拔除式电动脱毛器适用于手臂、小腿等部位。

3. 蜜蜡更多地运用到腿部、手臂等部位，适合毛发浓密的人使用。

第三章　“小红”的突如其来
——青春期女儿的月经来潮

月经是只属于女孩的小秘密，但这个秘密却总是被蒙上一层神秘的面纱，身处其中的女孩有许多的疑问难以参透。当女儿步入青春期，有了第一次月经，这个困扰便会伴随她度过整个青春期。其实，月经是女孩青春期的“好朋友”，妈妈如果无法及时解答有关问题，那么很多女孩就会将月经看成是一件非常“倒霉”的事，无法用正确的眼光去看待它，进而将每月一次的来潮视作丑事、难事，影响了自己的生活与学习。

21. 女儿应该什么时候来月经

青春期到来的重要标志之一就是月经。因为卵巢分泌的性激素作用会使子宫内膜每月脱落一次，脱落的黏膜和血液经阴道排出体外，这种流血现象被称为月经。

那么，女孩到底什么时候来月经呢？

丽丽第一次来月经是在小学六年级。那天丽丽就觉得有点不大舒服，下午上体育课的时候，站在后面的女生忽然大叫：“啊，丽丽，你裤子上有血!”丽丽吓了一跳，想看看自己身后到底怎么了，就一个人跑到厕所里，发现内裤上全是鲜红的血，当时不知道怎么回事，以为自己身上有什么伤口，吓得一个人在厕所里哇哇大哭。幸好这个时候有一个女老师来上厕所，听到丽丽的哭声赶紧过去看看发生了什么事，这才知道，原来丽丽来了月经。于是，女老师带她到自己的办公室里，拿出卫生巾给她换上，又打电话把丽丽的妈妈叫来，这才安抚了丽丽的情绪。

像丽丽这样意外接受月经来潮事实的女生不在少数。她在步入青春期的时候，妈妈没有及时给她普及与月经有关的知识，这才导致丽丽在看到身下有血迹时惊慌大哭。即使后来妈妈再详细说明，只怕丽丽的心里也留下了一层无法抹掉的阴影。

少女第一次来月经称为月经初潮，年龄在10～16岁。根据最近的一项调查发现，女性月经来潮的平均年龄是12.5岁，但12周岁以前月经初潮者，在3000名受访的中小学女生中占55.4%，这个年龄的孩子，如果妈妈不能帮助她做好月经初潮的心理准备，就很可能会迷惑不解或惊慌失措。

因此，妈妈应该多多注意女儿青春期的生理变化，如果发现女儿有即将初潮的症状，就该及时打好“预防针”，免得真的发生时，女儿不知所措。

那么，女儿在初潮前一般会有哪些症状呢?

首先是体重和身高上的变化。女儿在11岁时，妈妈就该每半年为女儿测量一次身高和体重。如果某次测量时发现身高和体重突然增加，这就说明女儿有可能在半年后月经来潮。

其次是要观察乳房情况。如果女儿的乳房开始膨胀并出现乳晕，触摸时有硬块感，那么两年之内就会有初潮。

最后要看看有无白带。如果女儿的内裤上出现了像鸡蛋清一样透明、无色无味而略带黏稠的液体，那么两三天后月经就要到来。

妈妈贴士：

女儿的初潮对她而言是人生的一次转折，这种心理的巨大变化需要提前做好准备。那么，妈妈应该做好哪些准备呢?

1. 在女儿初潮前向她介绍一些相关的知识，积极引导女儿正视这种情况。告诉她不要有心理负担，这是每个女性都会经历的，是一种正常的情况，也是步入成人阶段的标志，应该值得恭喜。

2. 在女儿的书包或口袋里放入一片卫生巾，告诉女儿一旦有突发事件，可以及时换上，免得弄脏衣裤而尴尬，从而减轻女儿的心理压力。

22. 女孩为什么会来月经

女孩经历了初潮后，心里会一直有个疑问：为什么女孩子会来月经而男生不会？很多女孩想想就忘，但还有很多女孩会一直想，到处找答案。

其实，当女儿开始来月经后，妈妈应该把这其中的原理稍微讲解一下，对安抚女儿的内心、帮助她放下心理包袱有着非常重要的作用。

首先，妈妈要告诉女儿，每个女性的内生殖器官都是由卵巢、子宫、输卵管三个部分构成的。就像是一个大工厂，卵巢是生产车间，里面有几十万个卵泡，每个卵泡中含有一个卵子，等女孩进入青春期后，卵泡就开始发育成熟，不仅能合成雌激素，还能产生孕激素。

随着卵巢的变化，作为生育器官的子宫就会因受到影响而产生相应的周期性变化。雌激素使子宫内膜不断增厚，相应地，内膜的细胞就会增多、增大。

等卵子排出后，雌激素就会联合孕激素一起发生作用，使子宫内膜发生水肿，腺体就会产生大量黏液和糖原，内膜的厚度不断增加，这个时候它就变成分泌期子宫内膜了。

排卵14天左右以后，雌激素和孕激素就会停止分泌，子宫内膜里的血管收缩，内膜就坏死了，自然就会脱落，引起出血。

因为这个周期约1个月，所以称之为月经。

妈妈贴士：

月经周期并不是固定的一个月30天，它的长短是由卵巢周期的长短决定的。

1. 一般来说是28～30天，不过因为个体差异的不同，有些女孩是23～45天，甚至还有一些以3个月或者半年为周期。这些都是正常的现象，青春期的女孩都很不稳定，妈妈不用太过担心。

2. 月经来潮的时间为2～7天，如果天数过长，妈妈就需要对女儿的身体多加注意了。

23. 月经的好处

现在女孩提到月经的时候，往往用"大姨妈"、"好朋友"或者"倒霉的日子"来代替，这也从侧面反映出女生对于月经并没有什么好感。她认为，来月经那几天不仅这也不能做，那也不能吃，有时候还会肚子疼，要是一不小心还有可能伤害自己的身体。

婷婷已经来了3年的月经了，每次她都要小心地掐着日子算下一次什么时候来，提前做好准备。要是有时候提前或者推迟一下，就更让她苦恼了。在家里还好，要是在学校弄到了身上，那就真是尴尬得要死。婷婷觉得"大姨妈"对她而言是个大灾难，根本不是什么"好朋友"，她经常和同学说，月经根本没什么用处，为什么每个月都要来呢，要是不来该有多好啊！

其实很多女孩对于月经的看法都是很片面的，往往只知其一不知其二。月经也具有它自己的两面性，固然会让很多女生觉得麻烦、痛苦，但它对女孩的身体健康却是有一定的贡献的。

首先，月经可以帮助女孩在早期发现身体的疾病。比如说，一个女孩如果过了18岁还没有月经来潮的现象，就可能是原发性闭经；如果女孩在有了正常月经后，出现停经三个月以上的现象，则被称为继发性闭经。这两种情况都需要到医院去检查。很有可能是生殖道下段闭锁、先天性无子宫或子宫发育不良、卵巢肿瘤、脑垂体肿瘤或功能低下、内分泌或消耗性疾病。除了闭经的情况以外，每一次月经的时间、流量，伴随症状的变化也为我们了解自身健康、及时发现病症提供了重要线索。

其次，月经可帮助人体免受体内过量铁的伤害。有一种叫做血色素沉着症的遗传性疾病，会引起患者铁元素代谢失调，导致身体内部聚集过多的铁。而月经周期性失血正好消耗掉了过量的铁，使血色素沉着症引起的器质性损害在女性身上出现的机会较小。

最后，月经可以促进造血功能。月经的经常性失血与造血，锻炼了女性的循环系统和造血系统，使女性在意外失血时能够较快制造出新的血液以补足所失血液。

所以说月经并不是一无是处的，妈妈要帮助女儿用积极乐观的心态去迎接，而不是让她在月经来之前就先郁闷起来。事实上，这种心理暗示也是造成女孩经期不舒服的原因之一。

妈妈贴士：

除了前面提到的月经好处之外，女孩可能还不知道，月经后的七天被称为“黄金七天”。这个时候，妈妈可以教女儿一些变漂亮的方法。

1. 美容。因为身体的新陈代谢加快，这个时候可是女孩保养皮肤的最佳时期。

2. 减肥。新陈代谢的加快使得体内的脂肪更容易燃烧，摄入的热量也更容易消耗，这个时候减肥可以起到事半功倍的效果。如果女儿有肥胖的烦恼，妈妈可以在这时帮助她减肥。

24. 青春期少女月经迟迟不来

月经是女孩青春期必经的一条曲径小道，很多妈妈既希望女儿早点成熟，又担心女儿月经来得太早不好，于是一直在等，直到有一天发现青春期都快过了，女儿还没有来月经，这下可急坏了妈妈。

蔡妈妈最近就遇到了这个问题。女儿雯雯今年已经17岁了，可是月经迟迟不来。前几年孩子还小，一来对月经没有了解，周围的朋友也因为害羞没怎么提及这个问题。可随着女儿的年纪增大，她自己对这方面的事情也有了一定的了解，当周围的女生朋友谈及月经问题的时候，女儿都会尴尬地不说话。次数一多，她开始怀疑自己是不是不会来月经了，或者是得了什么奇怪的病，要求妈妈带她去医院检查一下。

为什么女儿的月经迟迟不来呢？

一般来说，如果女孩到了既定成熟的年纪却迟迟没有月经来潮，除了牵涉到子宫的发育问题，还与一些疾病有关，诱发闭经。

首先是生理性原因。一般是指环境、体质等因素，比如女儿营养不良造成瘦弱或者过度减肥造成体重骤减。一般来说，女孩的初潮来临需要脂肪达到体重的17%以上，在这个时期，如果女孩体内摄入的蛋白质和脂肪过少，雌激素水平就会维持在比较低的水平，推迟性发育。所以妈妈要注意，不要让女儿养成偏食、过分控制饮食等不良习惯，一定要保证食物中的蛋白质和脂肪的较高含量。当然，也要注意让女儿多参加文体活动，以保持心情愉快。

其次是病理性原因。也就是说一些疾病也会导致青春期女孩的月经迟迟不来。比如性染色体异常、生殖器官发育不良和全身性慢性疾病等。

一般来说，处女膜锁闭是常见的诱因。女孩虽然没来月经，但会伴随周期性腹痛、腹胀，严重时会产生便秘、尿频以及下腹出现包块。这是因为处女膜无孔导致经血滞留于阴道、子宫或输卵管内。通过手术切开处女膜，流出瘀血，自然可以解决这个问题。

除此之外，肺结核、垂体瘤、肝硬化、心脏病、肾炎、贫血等也有可能导致闭经。

妈妈贴士：

如果你的女儿遇到这种情况，妈妈要冷静处理，做到以下两点。

1. 带女儿去医院详细检查一下，找出病因，对症下药。

2. 千万不要自己找一些偏方来吃，要知道，具体问题具体分析才好。

25. 每个月那几天要注意

处于经期的女孩不论是生理还是心理上都十分脆弱，因此，不仅需要注意个人卫生，还要保持乐观开朗的心情。总而言之，做好经期护理，注意日常生活习惯是十分重要的。

在月经期间，有一些事情要注意，有一些是一定不能做的。

第一点，在衣服的选择上要注意。不要穿紧身衣裤，以免压迫局部微血管，影响血液循环。

第二点，不要高声唱歌或说话。因为月经期间呼吸道黏膜和声带是处于充血状态的，容易导致肌肉疲劳，声音沙哑。

第三点，不要捶打腰背。在经期，很多女孩会觉得身上酸疼，于是对酸疼部位进行捶打，往往会因为过度捶打腰背使骨盆腔进一步充血，导致月经过多或经期过长。

第四点，不要进行像跳高、跳远、赛跑这样激烈的运动，以免诱发痛经和月经失调。

第五点，不能游泳，否则会造成细菌感染。

第六点，不要拔牙。因为经期拔牙会导致血量增多，止血时间延长。

妈妈贴士：

为了让女儿平和地度过月经期，妈妈应该在一些细节上更为注意。

1. 妈妈要为女儿买柔软、棉质、通风性好的内裤，注意勤换。

2. 要让女儿保持精神愉快，避免精神刺激和情绪波动。

3. 要注意女儿的保暖，避免她受到寒冷的刺激，同时不可过度劳累。

4. 让女儿多休息，保证睡眠的时间和质量。

26. 经期少女饮食有禁忌

女孩经期是个非常特殊的时期，除了平时的行为要注意一些之外，在饮食上也有一些禁忌，需要妈妈注意。

首先，很多妈妈觉得女儿经期失了大量的血，需要好好补补。其实不然，月经期间食用中药补品可能会影响子宫收缩，使经血难以排干净。如果想要给女儿补身子的话，建议选择姜丝猪肝汤，有助于舒缓子宫，帮助经血排除。

其次，有些东西在经期是不能吃的，会对身体造成一定的伤害。比如吃过咸的食物，会使体内的盐分和水分贮留过多，容易发生头痛、情绪激动和容易生气等；如喝浓茶和咖啡等咖啡因含量很高的饮料，容易刺激神经和血管，会导致痛经、经期延长、经血过多等不适症状；如吃生冷的蔬菜水果或者冷饮，会降低经血循环的速度，影响子宫的收缩和经血的排除，引起痛经。

最后，在经期的不同阶段，可以食用不同的食物，对于身体调养有非常好的作用。例如，前三天一般是经血比较多的时候，有些女生会出现血块、痛经等症状，这个时候就可以吃麻油姜片炒猪肝，帮助子宫的收缩，排出经血；或者整个经期都吃麻油鸡或红糖煮姜汤，对于排净经血都有非常好的效果。

妈妈贴士：

有些女孩的体质是比较燥热的类型，还有些女孩的皮肤容易过敏，因此在经期食物的选择上又会有些不同。妈妈可以根据实际情况进行选择。

1. 体质燥热、皮肤过敏、肥胖的女孩，妈妈可以让她食用菠菜猪肝汤、猪血汤、姜片鱼汤。

2. 经期要注意饮食均衡，妈妈要让女儿多吃一些富含钙质、铁质的食物，如黑芝麻、菠菜、紫菜、海带、葡萄、苹果等，不要让她喝冷饮和绿茶。

27. 教她选择卫生巾

走进超市，各种各样的卫生巾充斥眼帘，琳琅满目简直让人眼花缭乱。刚刚步入青春期的少女更是不懂如何选择一款属于自己的卫生巾。

据调查统计，每个女人一天更换卫生巾的数量为 3 个，一生中大约要使用 1.5 万个卫生巾。

如此庞大的数字让人不得不感慨卫生巾与女性之间的紧密联系。

但事实上，现在市场上的一些卫生巾的质量是不合格的，使用之后对女孩的身体会有非常恶劣的后果。比如说，卫生巾不洁有可能导致霉菌感染。不过这类妇科疾病是比较常见且容易治好的。

那么，应该如何教女儿选择适合的卫生巾呢？

首先，选择卫生巾的时候要从包装看起。第一点，看产品标志及生产日期。外包装处应有卫生许可证号、生产日期、保质期或有效期、执行的标准编号、生产者名称和地址等信息，注意信息的完整度，尽量选择生产日期近的产品；第二点，看包装的完整度。每个卫生巾的外包装和独立小包装的封口应平滑、无损，无漏气现象；第三点，好的卫生巾表面清洁、厚薄均匀、吸收性强、又柔又软。

其次，应该选择市场占有率较高的名牌产品。一般到大型商场、超市中购买。

最后，帮女儿选择一款适合自己的卫生巾。卫生巾品种繁多，可分为棉面、网面还有香型及药物卫生巾等，要根据自己的实际感受来挑选。

妈妈贴士：

除了挑选卫生巾需要注意外，在使用上也有一定的方法，妈妈要谨记并记得教导女儿。

1. 卫生巾是有保质期限的，妈妈不要为了图方便，一次性买很多放在家里，容易滋生霉菌。

2. 有些卫生巾带有清香，其中含有的化学成分也许会对个体产生影响，妈妈最好不要买给女儿。

3. 教导女儿，打开卫生巾时要避免二次污染，尽量不要用手接触卫生巾表面。

4. 经期的时候，女儿自身免疫能力下降，容易受到外部细菌的侵害，这个时候，如果你的女儿身体抵抗力本来就不强，建议给她买抗菌型的卫生巾。

5. 教导女儿在不同阶段使用相应型号的卫生巾。比如月经量很大时，白天可用护翼型，晚间用夜安型；平时就使用标准型；月经前后可使用超薄型或护垫。

6. 从卫生角度看，妈妈最好购买独立包装的卫生巾给女儿，这样就不容易污染。

28. 帮女儿向体育老师请假

青春期的女孩总会碰到“小红”来的日子和上体育课的日子冲突的情况，很多妈妈再三教导女儿来月经时不可以剧烈运动，如果要跑步或者做其他运动记得和体育老师请假。但是，初潮较早的女孩往往因为害羞而不愿意让别人知道自己来了月经，上体育课的时候宁愿跟着运动也不开口。还有的时候因为体育老师是男性，女孩觉得不好意思开口。甚至有些男老师在听了女孩请假的要求后直接拒绝，觉得女孩太娇气了。

其实这和女性的身体健康有着莫大的联系。因此，妈妈应该帮女儿向体育老师请假。

婉婉是一名初二女生，刚进入初一，她就来了月经。但奇怪的是，每次婉婉来月经都是在上体育课的时候。婉婉发现周围来了月经的女生并不多，她第一次听从妈妈的吩咐请假时，只有她一个人孤零零地站在操场边上，过往的同学都会用好奇的眼光打量婉婉，甚至有些女生会私下议论。这让婉婉感受到了很大的压力，从此以后她能不请假就不请假，即使要跑步也是硬着头皮跑。后来，婉婉妈妈发现女儿有轻度贫血的现象，去医院，医生告诉婉婉经期不能剧烈运动，这对女孩的身体是很不好的，每个女生都要爱惜自己的身体才对。从此以后，妈妈尽量提前替婉婉请假，以减轻孩子的心理压力。

大量研究表明，经期从事超负荷运动会增加患子宫内膜异位症的风险，导致日后痛经甚至不孕。

所以，在经期，女孩一定要避免剧烈运动，如果上体育课女儿不好意思请假或者老师不肯批假，那么建议由妈妈出面和老师沟通。

很多妈妈都忽视了女儿的情绪，认为请假只是一种小事 ，由自己出面弄得太兴师动众了一些。其实不然，妈妈要多站在女儿的角度去考虑事情，她刚刚进入青春期，不论是生理还是心理上都无法那么快地接受。这种适应时间往往要持续很久。

所以，由妈妈出面帮女儿请假，其实是妈妈关爱自己女儿的一种方式，并不是过分宠溺孩子。

妈妈贴士：

帮女儿请假也是有一定的技巧的，只有考虑到她的心情，才能调整青春期生理变化所带来的心理压力。

1. 妈妈最好在学期开始之前和体育老师说明女儿的情况。

2. 女儿来例假后，让她自己写好假条，自己再签上名带去学校交给体育老师。

3. 建议女儿在体育课的时候回教室休息。

29. 来月经后，女孩子会发胖吗

月经期间，女孩会发现自己似乎一下子胖了很多，这让许多爱美的女孩很疑惑，同时也有很多烦恼。

小红是在六年级来的第一次月经。可是在这之后，她发现，每次月经前后，自己就特别容易发胖，总是比之前胖1～2斤。过后，情况又有所好转，她不知道自己的身体到底怎么了？

原来，女生进入经期后，身体会随着荷尔蒙的分泌而发生变化。一般来说，经期前两周，人体内的荷尔蒙开始分泌，在这段时间里，体温上升，女孩会觉得自己浑身无力，懒得动，导致身体储存了大量的能量和水分。所以，这个时候女孩的身体就特别容易发胖。

除了生理原因外，还有一些个人因素。比如在经期前，口味与平时相比往往会更加浓重，爱吃高热量的食物。当然，不爱运动也是其中一个重要因素。吃得多，消耗少，再加上荷尔蒙的影响，想不胖都难。

于是，很多女孩既不知道其中的原理，又一味采用不正确的方法减肥，自然达不到理想的效果。

妈妈不妨多关心一下女儿的体型，要知道，过度肥胖对女儿的身体健康也是没有益处的。因此，从饮食到生活习惯，都需要妈妈多方督促才行。

妈妈贴士：

如果你的女儿一定要减肥，那么记得给她一些合理建议。

1. 来月经的期间，“将增重控制在最小限度”比减肥更有实效性。

2. 月经期间，可以进行竞走的运动，要知道适度的活动有助于消退脸颊和脚部的浮肿。

3. 不要饮食过量。实在想吃重口味、高热量的食物，也只能吃一小口。

4. 如果要减肥还是等到经期结束以后比较好。

第四章 女孩子的清爽干净
——注意青春期女儿的卫生保健

每个女孩都像一泓清澈的泉水。她喜欢纯洁而干净的一切，对于自身的清洁更是注意。但是青春期的女孩在清洁自身的时候，往往因为缺乏常识而不知道具体的方法，或者用错了方法，反而对身体产生了不好的影响。妈妈应该从小就教导女儿如何清洁自身，注意自己的卫生保健，做一个干净健康的女孩。

30. 清理乳头预防疾病

进入青春期的女孩，乳房会渐渐变得丰满，在这个过程中，需要更加注重清洁问题，以防止疾病的发生。

皓皓上高一的时候，一次偶然的机会让她知道了一种女性疾病，叫乳腺癌。也是一时好奇去查了些相关资料，居然看到说，乳头上有一些分泌物与乳腺癌有关。这可吓坏了皓皓，她开始担心自己会不会得乳腺癌。之前，因为青春期知识普及得不够，皓皓对于乳头上的那些分泌物并没有太在意，平时洗澡的时候也没有仔细地清洗过。后来在医生的解释下，皓皓才知道，原来这是一种正常的现象。

其实，女性的乳晕上分布着很多腺体，这些腺体会分泌一种油脂样的物质。这种物质既可以保护皮肤，但同时也会沾染一些污垢，产生红肿的现象。

这就要求女孩要注意自己的卫生情况，保持乳房的清洁卫生。

在这里要纠正一个误区，很多女孩喜欢用香皂类的清洁物品来清洗乳房，认为比沐浴露清洗得干净。其实，这类清洁物品会通过化学作用洗去皮肤表层的角化层细胞，破坏皮肤表面的保护层，同时还会碱化乳房的局部皮肤，促使皮肤上碱性菌丛增生。

那么，到底该如何清洁乳房呢?

首先，不要用过热的水刺激乳房，最好用温水清洁。喜欢泡澡的女孩不可以在过热的浴缸中长期浸泡，以免乳房的软组织松弛，皮肤干燥。

其次，清洗乳头的时候，特别是乳头凹陷的女孩，为了避免乳头内藏匿污垢而产生炎症，一定要仔细清洗，最好选择适合的清洗液。

最后，洗完澡后，可再用稍冷一些的水冲洗乳房，这样可以刺激、锻炼乳房和胸部皮肤，增加乳房的弹性，并且促进局部血液循环。然后用柔软的毛巾擦拭乳房，不要太过用力，这样才不会伤害乳头。

妈妈贴士：

乳头很脆弱，是需要女孩子好好对待的身体部位，可是，这个年纪的女孩不懂得相关知识，那就需要妈妈提点了。

1. 妈妈要告诉女儿，使用洁净的干毛巾摩擦乳头可以增强乳头的韧性，有助于预防乳头破裂。

2. 如果发现女儿的乳头处有一些异物，不要让女儿随便用手指去抠刮，既不卫生也容易伤害乳头。

31. 卫生护垫不要天天用

很多女孩爱干净，特别是对私处的卫生尤其注意。因此，她们选择每天用卫生护垫来保持私处的清洁，其实这是一种错误的观念，不仅对身体没有好处，还会有一定的影响。所以，卫生护垫最好不要天天用。

小迪是个大大咧咧的女生，一个人在外地住校，有时候没时间就不洗内裤，但又担心不够卫生，于是想到了用护垫的方法。大夏天的，她经常一片护垫就用一天，而且几乎每天都用护垫。直到有一次，小迪的外阴部长了一个黄豆大的小包，红红的、硬硬的，还有点痒。小迪赶紧告诉妈妈，让她带自己去医院检查。医生告诉小迪，这是她平时不注意卫生的后果。

事实上，多数护垫底部都有一层塑料，透气性差。女性如果长期使用卫生护垫会让私处的湿度和温度升高，尤其是在炎热多汗的夏季，这就为细菌的滋生创造了最好的环境。

其实，女性的阴部有着自净能力，一旦细菌增多，阴部就会为了克制这种细菌，分泌出更多的酸性或者碱性黏液，致使阴道中的酸碱度被破坏。

很多妇科病都是因为酸碱度失衡而滋生了一种或几种细菌，例如细菌性阴道病、霉菌性阴道炎等。除此之外，卫生护垫还会导致皮肤摩擦，如果此时还有汗液，就很容易引起毛囊炎。

那么，该如何正确使用卫生护垫呢？

首先，卫生护垫不要天天使用。

其次，如果因为一些原因需要使用的话，那么更换的时间越短越好，千万不可超过12小时。

最后，就算勤换护垫，也不如直接穿宽松棉质的内裤好。

所以说，爱干净的女孩不可盲目用卫生护垫，而那些懒得洗衣服的女孩为了自己的身体健康，还是要勤洗衣服啊。

妈妈要告诫女儿，千万不要抱着侥幸的心理，做个健康又清爽的女孩才是最好的。

妈妈贴士：

有时候因为一些原因，女孩子不得不用卫生护垫，比如月经还有一点剩余、分泌物过多、不方便换洗内裤等。虽然不是天天使用，但还是有些地方需要妈妈教导女儿多加注意。

1. 不能让女儿因为用了卫生护垫就不天天清洗私处，要记得时刻保证私处的清洁、干燥、透气。

2. 有些卫生护垫有芳香气味或者药物功能，在选择上妈妈要慎重，以免对身体产生副作用。

32. 女孩私处要天天清洗

现在有很多女孩会问："到底几天洗一次私处比较好？"很显然，不论是夏天还是冬天，都需要天天清洗。

凡凡小时候一直都是两三天洗一次澡，换一次内裤。从初一开始，妈妈要求凡凡每天都要仔细清洗私处，即使是冬天不天天洗澡的时候，也要用专用的干净盆子清洗。凡凡开始很不能理解为什么要弄得那么麻烦，有时候趁妈妈不在家就干脆不洗。内裤也懒得换就直接睡觉。可是一段时间后，她发现自己的那里总是会莫名其妙地痒，味道也有些难闻，这才知道原来女孩的私处一定要天天洗。

虽说女性的私处有一定的自净能力，但是阴道周围存在着汗液、尿液以及一些特有的污垢，同时阴道处的褶皱也容易积存污垢。只有将这些污垢清除干净，才能保持私处清洁与女性健康。

除了天天清洗是必要的程序外，对于外阴保健也有一些需要注意的问题。

准备篇：

第一点，清洗私处不要用湿布，以免摩擦刺激皮肤。

第二点，将手清洗干净，以免细菌感染。

第三点，清洗外阴最好用温水淋浴冲洗，如果没有淋浴条件，可用专盆代替。

第四点，擦拭的毛巾要注意时刻清洁，在通风处晾干。

步骤篇：

第一步，从前向后清洗外阴。

第二步，清洗大、小阴唇。

第三步，清洗肛门周围及肛门，防止肛门口的细菌污染阴道及尿道口。

装备篇：

第一个，居家旅行必备的水杯。平时多喝水，既帮助身体的新陈代谢，又可稀释尿液及阴道分泌物，同时尿液还有带走外阴细菌的功效，可预防阴道炎、尿路感染等疾病。

第二个，白色无香味的卫生纸。女孩小便后应用卫生纸擦拭残留尿液，大便时应用卫生纸从前向后擦拭，以免感染阴部。最好选择白色无香味、正规厂家生产的卫生纸，以免感染妇科疾病。

第三个，白色纯棉的干净内裤。白色内裤不经染色最为安全，推荐使用。至于尼龙和化纤类的内裤，不透气且潮湿，对身体不利。内裤要每天清洗，并在太阳下晒干，杀灭细菌。

妈妈贴士：

日常生活中，有很多清洗私处的方法是不科学的，妈妈也未必都知道，在这里做一个简单的讲解，方便妈妈教导女儿正确清洗私处。

1. 不可用沐浴露或香皂清洗。普通沐浴露、香皂一般是碱性的，与私处的弱酸性环境发生中和反应，从而破坏私处的弱酸环境，导致女性自净功能下降，产生妇科疾病。

2. 尽量不用妇科洗液清洗。妇科洗液的强杀菌成分会将有益菌和有害菌一同杀灭，伤害私处的娇嫩肌肤，使私处出现干燥瘙痒等不适感。

33. 洗液不要每天用

很多人认为，天天清洗私处还不够干净，要坚持用洗液冲洗才是最卫生的方法，这其实是一个错误的观念。洗液是不能天天使用的。

倩倩从小就从妈妈那里得到一种错误的观念，认为女性的阴道是肮脏的，需要天天冲洗。15 岁开始，妈妈发现倩倩的分泌物似乎有点多，就买了一种洗液给她，让她天天倒一些在浴盆里清洗，希望能改善这种现象。这让倩倩产生一种错误观念，认为天天用洗液洗就能保证阴道的清洁，保持自身的健康。

从专业的医学角度来说，乱用洗液对阴道冲洗的程度越高，发生细菌性阴道炎的可能性就越大，发病率要比一般用温水清洁的女性高出40%。

其实，只要用温水天天清洁私处即可。

一般来说，健康女性的阴道内存在着90%以上的正常菌群，以保持阴道的弱酸环境抑制有害菌的生长。而洗液会将有益菌和有害菌一起杀死，破坏了弱酸环境，导致妇科炎症。

不过，清水其实也是一种妥协性的选择。清水并没有清除细菌的能力，如果人体免疫力下降，那些潜伏的细菌就会大量繁殖，造成妇科感染。

妈妈可以根据女儿的情况，在日常护理中选择一些合适的私处沐浴露。一般来说，含有银杏、金艾草等多种专用植物的沐浴露效果较好。银杏能促进血液循环，提高免疫力；艾草有抗菌的作用。但是在产品的选择上，要注意保持私处的平衡，选择天然、温和、绿色的产品。

如果女儿有一些异状，这个时候妈妈可以选择一些合适的洗液配合使用。但是要注意，中药类的洗液气味大、颜色重，对皮肤的刺激很大。如果没有把握好度，就会破坏自净能力，引起感染。而植物类的洗液只能去污、抑菌，无法解决根本问题。

妈妈贴士：

洗液不能每天都用，不过一定要帮女儿选择洗液的话，妈妈还得根据女儿自身的情况来决定，不要盲目跟风，选择不适合她的产品。下面就几种不同人群适合的洗液做一些简单的介绍。

1. 健康人群。如果你的女儿属于这类，建议妈妈选择私处专用的沐浴露，产品性质温和、去污滋养，可供日常使用。此为“妆字号”产品，安全可靠。

2. 亚健康人群。如果女儿自身抵抗力下降，这个时候可以选择“妆字号”私处沐浴露。如果有轻微瘙痒、白带增多的症状，应选择“消字号”护理液，可加强身体的防御体系。

3. 非健康人群。如果女儿的私处出现明显的症状，应在医生的指导下选择“药字号”或“妆字号”的功能性洗液产品，不要自己盲目使用。

4. 过敏体质人群。这种情况妈妈要选择低敏产品。

34. 经期私处如何清洗

每次月经来临，私处就变得特别脆弱，需要更加小心呵护，保持清洁，避免细菌感染。

同时，经期的清洁也就成了一个需要注意的问题。那么，经期该如何清洗私处呢？

瑶瑶每次来月经的时候都觉得清洗是一件很恐怖的事情，因为那里似乎永远洗不干净，刚用水清洗了，又马上会有血流出来。如果用盆就更是恐怖，感觉整盆水都是红的，很脏的感觉。听说经期那里特别脆弱，瑶瑶不知道自己需不需要买一些洗液进行特别护理一下。到底怎样才是正确的清洗方式呢？来月经的时候可以洗澡吗？

首先，清洁阴部对女孩而言是一件非常重要的事，尤其是在月经期间。我们都知道，卫生巾会带着经血附着在身体上，这个时候，如果外阴部及周围不干净的话，很容易成为细菌生长繁殖的场所。因此，月经期间建议每天早晚都用干净的温水清洗外阴。

洗澡不仅是一次清洁的过程，也是一次促进新陈代谢、血液循环的过程。因此，即使在经血量最多的时候也是可以洗淋浴的，不用担心血会流到身上，也不用担心阴道里会进水。

为了避免水中的细菌附着在阴部，并不建议用浴盆清洗。

妈妈贴士：

经期清洗私处的时候，有一些细节需要妈妈提醒女儿。

1. 清洗之前一定要让女儿把手洗干净。

2. 最好让女儿淋浴，如果没有淋浴的条件，清洗的时候也要用水浇洗，而不是坐浴。做到“一人一盆，一巾一水”，盆不可用来洗身体其他部位。

3. 告诉女儿一定要勤换卫生巾，每天用温水清洗外阴 2 次，不可用冷水。

4. 清洗完后，让她用吸水性好、干净清洁的纸巾或是专用的毛巾，从前向后擦拭阴部。

35. 内裤洗涤要讲究

除了要注意自身的清洁外，妈妈也要记得教导女儿如何清洗她的内裤。要知道，不干净的内裤也容易引起一些妇科疾病。

小甜高中的时候离开家，一个人住到了学校的宿舍，只有到周末才能回家一次。高中的学习节奏快、压力大，平时吃饭的时间已经压得很少，更别提花时间处理自己的内务问题。最近，她总觉得那里很痒，内裤上的白带也比平时量更多、更为浓稠，颜色也很奇怪。她周末的时候回到家，把这件事情告诉了妈妈。妈妈赶紧带她上医院检查，结果发现小甜得了一种妇科炎症。在妈妈详细询问下才知道，小甜每次洗内裤的时候只是草草打上肥皂，用手搓两下就冲掉，有时候内裤还会留过夜，到第二天甚至第三天才洗。

为了保证自身的健康，女孩要特别注重日常卫生，特别是内裤的清洗一定要注意，以避免细菌滋生，预防妇科疾病。

怎样正确清洗内裤，妈妈可以从以下几点教导女儿。

第一点，每天换洗别积攒。内裤一定要天天换、天天洗并且及时洗。内裤一旦过夜就很容易滋生细菌，更难清洗。

第二点，手洗更干净彻底。打上肥皂后，用拇指与食指捏紧，增加摩擦密度，细密地揉搓 3 分钟以上。

第三点，冲洗一定要充分。揉搓完后要在流动的水中充分冲洗，否则内裤会发硬，不利于健康。

第四点，太阳底下要晒干。紫外线可以杀灭内裤上的病菌，有益健康。如果没有太阳，记得挂在阳台等通风的地方自然晾干。

妈妈要再三提醒女儿，为了更好地爱护自己，对于这种贴身衣物一定要仔细清洗，千万不能草草了事。如果白天没有时间的话宁愿晚上晚点休息，也要仔细清洗内裤，不能马虎了事。

妈妈贴士：

清洗内裤对女生的卫生保健尤为重要，在这个过程中除了要遵守上面所提到的一般步骤外，还有一些地方需要妈妈注意，因为这个年龄段的女孩往往不懂得这些常识。

1. 告诉女儿，最好用专门的小盆来清洗内裤。

2. 最好用凉水清洗。

3. 洗好的内裤最好先在阴凉处吹干，再放到阳光下杀菌，这样可以避免内裤发硬变形。

4. 不要和袜子一起洗，更要告诫女儿不能和别人的内裤混合洗。

5. 如果女儿出现了炎症，一定要把内裤用开水烫一烫或者煮一煮。

36. 阴部瘙痒要重视

日常生活中，很多女孩会忽然觉得私处有点痒，方便的时候就偷偷隔着挠一下，不方便就忍着。很多女孩并不重视，认为只是偶然的情况。就算告诉了妈妈，妈妈也只会说平时注意点卫生就了事。其实，阴部瘙痒问题是需要重视的。

小悠妈妈发现女儿平时写作业的时候，经常有意无意地挠自己的私处。妈妈问是不是痒的时候，女儿赶紧摇头说没什么。但是后来小悠妈妈发现女儿这种行为并不是偶然的，有时候甚至动作幅度非常大，妈妈想忽视也难。再三考虑后，妈妈决定和女儿好好说清楚“阴部瘙痒”的问题。

其实，阴道瘙痒是一种由不同病变引起的症状，当然阴道健康的女生也可能会出现这种情况。

妈妈必须正视这个问题，通过一些彻底的治疗，使女儿摆脱这种坐卧不安的苦恼，不影响学习和生活。那么，阴道瘙痒的原因有哪些呢？

原因一：私处皮肤不洁。一些女生在使用卫生纸的时候方法不当，导致外阴部皮肤受经血、分泌物、尿液、汗液甚至粪便的污染，出现慢性炎症，引发阴部瘙痒。

原因二：药物过敏。一些过敏体质的女孩服用药物不当，引起“固定性药疹”。除了局部瘙痒外，还可能并发糜烂、渗液等症状。

原因三：真菌性阴道炎，症状表现为外阴瘙痒、潮红，伴豆渣样白带，有异味；阴道毛滴虫病，外阴瘙痒，有泡沫样白带，伴有特殊异味。

总之，阴部瘙痒需要妈妈高度注意，特别是在月经期间尤其需要小心。除了保持阴道清洁干燥之外，千万不要用手抓挠私处，不要因为瘙痒而用热水洗烫，也不能用肥皂清洁。

妈妈贴士：

阴部瘙痒是个说大不大、说小不小的毛病，并且那种感觉让人很难忍受。妈妈与其等到女儿有了瘙痒的症状后才开始找医生治疗，不如及早预防。

1. 从饮食上着手。让女儿多吃粗粮，比如燕麦、糙米、玉米、南瓜、全麦面包等都可以补充B族维生素，滋润皮肤；多吃能养血滋阴的食物，如红枣、枸杞以及各种坚果，可以起到营养皮肤的作用；少吃辛辣食物，以免耗伤阴液，让皮肤变得更加干燥；羊肉、海鲜等食物会增加皮肤瘙痒，最好少吃。

2. 衣服上要注意。最好让女儿穿宽松棉质、丝质的衣服。化纤衣物会与皮肤产生摩擦，刺激皮肤。新买来的衣服一定要洗了之后再穿，以免化学品残留引起皮肤过敏。

3. 日常习惯要健康。保证睡眠、放松心情、适度运动是健康的三大法宝。

37. 妇科检查很必要

很多妈妈都有一个认知误区，以为妇科检查是已婚女性的专利，其实，每一个女性每年都至少应该做一次妇科检查，包括你尚在青春期的女儿，也很有必要做妇科检查。

乔妈妈的女儿小娟已经13岁了。某一天放学回来后突然感觉肚子痛，妈妈以为可能是今天上体育课游泳受了凉，让女儿到床上去休息，并没有多加注意。下午小娟在学校里感觉肚子越来越痛，最后被老师送到了医院检查。原来小娟竟然是处女膜闭锁，经血初潮难以排出所致的痛症。医生立刻为她做了手术。如果小娟事先进行了哪怕一次妇科检查，这种情况就不会发生。

根据近期一项调查显示，很多女性并不重视妇科检查。“每年都做妇科检查”的女性只占49.69%，有50.31%的女性做妇检的时间间隔在一年以上。不少女性对妇检存在着心理障碍，有57.97%的女性对做妇科检查有不同程度的畏惧感，其中对此感到“非常畏惧”的占4.97%，“有一点畏惧”的占39.54%。

妈妈对于女儿的发育一般不是十分重视，她往往觉得自己也是这么走过来的，不也没什么问题，不需要大惊小怪。很多女孩子更是缺少最基本的了解，只有发现身体出现很大的症状时才会告诉妈妈。事实上，生殖系统方面的发育异常往往在妇科检查时才能搞清楚。

除此之外，青春期女孩也常有阴道炎等疾病。这些病在治疗上并不困难，关键就在于是否及早发现，及早治疗。这个时候，妇科检查的意义就凸显出来了。

在妇科检查的过程中，医生会为女孩进行一次健康教育知识的普及，这对于她以后积极面对疾病有着十分重要的作用。

因此，为了女儿青春期的身心健康，妈妈要主动承担起这份责任，和女儿一起每半年到一年进行一次例行检查。

如果妈妈发现女儿的身体发出了一些信号，也要及时带她去医院检查。

信号一：忽然发胖。发胖除了和吃得多、动得少有关外，还有可能是多囊卵巢综合征、卵巢囊肿、子宫肌瘤这些疾病引起的。

信号二：经常抽筋。这时候，女儿可能是缺钙和维生素 D，建议给她多吃一些奶制品、海鲜等。

信号三：大量出汗。多汗的原因有很多，建议做一次检查。

信号四：脾气暴躁。如果女儿忽然性情大变，容易生气、激动、爱哭、失眠、月经紊乱，这时候就需要到医院检查一下。

信号五：经常头晕。这个时候女儿需要检查血压，低血压在任何年龄段都有可能出现。

信号六：眼睛水肿。建议检查一下肾。

信号七：经常口渴。体重变化、频繁想上厕所，需要做血糖检查。

信号八：腰痛。带女儿去医院验血验尿，可能是膀胱炎或者附件炎。

信号九：晚上腿肿。这有可能是慢性静脉衰竭的症状。

信号十：分散性脱发。原因多种多样，需要详细检查。

妈妈贴士：

妈妈带女儿去做妇科检查的时候，也需要事先做一些准备。

1. 妇科检查的时间。最好在月经结束的一周内，有利于医生了解女儿的健康状况。

2. 妇科检查的准备。不要让女儿冲洗阴道、事先上厕所，以免掩盖病情。

3. 需要带的东西。如记载了女儿月经周期的日历，现有病历本和各种辅助诊断报告单、证明书。如果方便，最好带上女儿干净的内裤、毛巾、杯子和卫生纸等。

38. 经期不要去游泳

夏天到了，怕热的女孩最喜欢的一件事就是泡在游泳池里，和好朋友嬉笑打闹。但是，很多女孩不知道，经期是不可以游泳的。

笑笑这几天肚子一直在隐隐疼痛，刚开始的时候只是有些不舒服。因为是住校的关系，笑笑刚开始并没有太在意，后来疼得不行才打电话告诉妈妈。妈妈让她去医院检查，原来，笑笑前几天月经还没有完全干净，因为体育课要考试，不得不下水，这几天，内裤上一直没有干净。

来月经的时候千万不要去游泳，否则会容易出现生殖系统感染或月经失调，很难治愈，对于以后的身体状况也有影响。

另外，游泳池里的水并不是很干净且水里往往含有消毒剂，对人体有非常强烈的刺激性。有些游泳者有体癣、足癣、沙眼、霉菌性或滴虫性阴道炎，甚至淋病、尖锐湿疣等疾病。这样一来，脏水进入阴道，月经期间机体抵抗力下降的女性就很容易被感染。

除此之外，游泳时的冷水刺激是月经不调的原因之一。当女性的身体受到外部刺激，如过度紧张、劳累、寒冷时，就会导致神经、内分泌系统的功能紊乱，引起痛经、闭经、经血过多或过少等月经失调症状。

妈妈贴士：

如果你的女儿已经有了与笑笑类似的症状，那么最好去医院检查，看看有没有染上什么疾病，如果只是单纯的受凉，就需要在日常生活中多加注意。

1. 在下一次来月经前三天，让女儿多喝姜汤，用热水袋敷在腹部，注意保暖。

2. 让女儿好好休息，不要太过疲劳，以免抵抗力下降。

39. 使用公共卫生间要注意

女孩平时在学校的时候，难免要使用公共卫生间。很多妈妈可能不知道，如果使用公共卫生间的时候不注意，也有可能感染一些疾病。

小桦今年上初二，是个活泼开朗的女孩。她平时经常和好朋友一起逛街玩耍，有了内急就去附近的公厕解决。可能是性格大大咧咧的原因，小桦对于公厕的使用并不太在意。遇到坐式的马桶，也是直接坐下去。殊不知，她这种不注意的行为很容易感染上一些疾病。

公共卫生间由于多人频繁使用，如果间隔时间短，那么一些有传染性疾病的患者可能会通过厕所传播疾病。其中，比较容易得的病是阴道毛滴虫和白色念珠菌所引起的阴道炎。

据专家研究发现，淋病双球菌可以存活 18 个小时，淋病的传播媒介阴道毛滴虫可在半干燥环境中存活 6 个小时。

由此可知，使用公共卫生间实在是需要小心谨慎。

妈妈贴士：

为了避免女儿被传染上一些疾病，妈妈应该教导女儿一些正确使用公共卫生间的基本方法。

1. 在上厕所前，最好先冲一下坐便器，再上。

2. 在上公厕的时候，宜采取蹲式而不是坐式，臀部应稍微抬起一些。

3. 告诉女儿不要用公共厕所里提供的卫生纸，而应该用自己带的卫生纸。

4. 提醒女儿上完厕所后记得洗手，但是公共厕所里的水龙头并不干净，回家后一定要再仔细清洗。

第五章　女儿的心事，妈妈你来猜
——应对青春期女儿的心理变化

清晨，窗外下着丝丝细雨。这看似普通的自然现象却如一滴水滴落在少女的心田，泛起了层层涟漪。女儿进入青春期后，妈妈会发现，原先像假小子一样的女儿爱照镜子了，原本简单易猜的心事变得复杂多变，而房间的抽屉上不知道什么时候多了一把小锁，里面会不会躺着某个男孩的情书，又或者是女儿的一段暗恋日记？可惜，这一切的一切，在女儿的拒绝沟通下，都没有答案。该如何走进女儿的心里，做她的闺蜜？这就要妈妈花点心思，猜猜女儿的心事，提前做好准备，以应对女儿青春期的心理变化。

40. 爱美了，先教她学会审美

青春期是一片属于少女的花海，她们身处其中，享受瑰丽的青春，绽放豆蔻的花朵。这个时候，心理还不够稳定的她们缺乏是非观念，容易受到不良习气的影响。电视上的明星、杂志里的模特总是轻易地影响孩子的审美观，她们开始注重穿衣打扮，有的孩子非名牌不穿，有的孩子处处讲究“个性”，什么都要最潮才行。

最近，萧萧妈妈发现11岁的女儿有一个坏习惯，那就是只穿裙子不穿裤子。哪怕是寒冬腊月，女儿也坚持要穿裙子去上学，不然就不肯出门。每天早上起床都要缠着妈妈给自己扎好看的头发。最好笑的是，有一天萧萧妈妈下班回来，发现女儿用口红把自己的嘴巴涂成了血盆大口，还仰着头问自己：“妈妈，妈妈，我好看吗？”萧萧妈妈喜忧参半，女儿小小年纪就爱美到这个程度，以后可怎么办？会不会一天到晚只知道打扮而荒废了学业？要不要制止这种行为？

社会对中学生形成正确的审美观有着非常大的影响。审美观是人类以一种审美观点、审美态度和审美方法对自然景观、社会生活、文学艺术和人生进行审美活动的总称，是一个人审美情趣和审美理想的集中体现。

当孩子从生理和心理上对美出于本能的需求时，便是进入了审美敏感期。

从心理学角度来讲，从审美敏感期开始到生命的结束，女孩会一直处在一种对美丽的探索之中。如果妈妈忽视女孩的心理状况，只是粗暴地干涉、阻止、限制女儿追求美丽，这很可能会起到相反的作用，使得女儿的审美长期处于停滞状态；如果父母能够进行正确地指导、引导、鼓励，就很可能培养出一个美丽优雅的女性。

我们还发现，现在社会上许多行为已经背离了主流价值，许多孩子的审美观因为各种原因而发生了扭曲。

首先，家庭是青春期少年审美观念形成的根源。在家庭教育里，许多父母只关心孩子的学习成绩，思想品德被排挤在议程之外。有些家庭条件较好的父母用尽一切办法满足孩子对物质的需求，还有的家长用金钱来衡量孩子的学习成绩，使得孩子的审美观念发生了极大的偏移。

其次，学校教育是孩子审美观念发展中的重要一环。但是现在，中小学校的教育往往没有涉及正确的审美观念和良好的审美修养，只是将目光和精力放在智育之上而忽视了德育，这是教育现状的一个悲哀。

最后，孩子审美价值的误区与长期的感官刺激分不开。各种电视节目、时尚杂志、动漫影音无一不在刺激着孩子的感官，很容易使孩子沉迷其中，争相模仿，无法形成属于自己的正确审美观。

其实，妈妈应该在女儿开始爱美的时候，就要有意识、有技巧地培养她的审美观。

第一点：让女儿明白“自然就是美”的道理。自然方显本性，衣服要适合自己所处的年龄阶段，所用饰品不可太过成熟。一个人的气质优雅与否，离不开内在的修养和心灵的美丽。

第二点：妈妈应该给女儿树立一个榜样。这个年纪的少女具有很强的可塑性和模仿性。她可能因为尚未接触社会，导致辨别是非的能力较差，意识较为单纯。女儿对妈妈有着天生的依恋性，妈妈的兴趣爱好、品性修养、言行举止、衣着打扮以及生活习惯，都会成为女儿最易模仿的对象。这个时候，妈妈最好陪女儿一起挑选符合年龄阶段的衣服，既培养孩子欣赏美的能力，又能锻炼她的自立能力。

妈妈贴士：

如果发现女儿有不正确的审美苗头，妈妈不要用粗暴的手段阻止，而是要采取循循善诱的手段引导孩子走上正途。

1. 女儿年纪还小，错误地形成一些审美观念是正常的，这个时候妈妈应该运用一些方法，适当地转移孩子不正确的审美视线。对此，父母千万不要粗暴干涉和严格制止。这时候，父母应运用一些方法，适当去转移孩子不正确的审美视线。

2. 给女儿树立“美丽的最高境界就是拥有自己的个性、不随波逐流”的观念。可以通过让女儿体验“创造”美丽的乐趣，使她体会到创造美丽的过程比享受美丽更加动人。

41. 自信漂亮给谁看

现实生活中，女孩子大多依赖性强、自信心差、自卑，这与她们的漂亮与聪明得不到充分表现有重要关系。

作为一个女孩，最重要的就是自信与漂亮，但这种漂亮往往不是外在的、向人展示的，而是一种自我暗示与承认。

那么，自信漂亮到底是要给谁看呢？

欣欣并不是一个漂亮的女孩，她的肤色偏黑、个子较矮、五官也不够好看，在其他女孩的眼中只是个不起眼的小丫头。但就是这个小丫头在男生眼中却很漂亮。原来欣欣从小就被妈妈灌输“你是一个优秀漂亮的女孩”的思想，这使得她对自己充满了自信，不论是在学习上还是和人相处中，从来不忌讳充分表现自己。在同龄的女孩羞涩自卑的时候，欣欣却能大方自如地和其他人相处，得到大家的喜爱。即使以后上了大学，欣欣的自信也让周围的同学不得不赞叹：“真是个很耀眼的漂亮女生！”

如果妈妈发现女儿缺乏自信，该从哪几个方面去帮助女儿呢？

第一点：要让女儿正视自己，不能让女儿老盯着自己的短处自卑，要努力帮女儿找到闪光点。我们都知道，满足感是获得自信的第一步。这个时候，妈妈先建议女儿发挥自己的长处。如果女儿认为自己不行，做不到，妈妈就要鼓励她去做，只有做才有可能成功，才会获得成功之后的满足感，从而树立自信。

第二点：外界的影响对自信有着很重要的决定力量。妈妈一方面要经常夸奖女儿，使她在认可下建立一个“原来有人会肯定我”的想法，这种想法一旦奠定，以后的自信才能慢慢累积；另一方面要教导女儿平静面对外界的评价，告诉她：“那些负面的看法都是不了解她的人的幼稚想法，只要自己做事问心无愧，就不必太在意他人看法，做自己最重要。”一个自信的人，往往不容易被他人的想法所左右。

第三点：要带着女儿一起发现生活中的美。只有热爱生活的人，才会热爱生活所造就的自己，如果不喜欢自己，又怎么可能肯定自己、拥有自信呢？

第四点：帮助女儿树立人生目标。人只有确立了目标，才会尽一切努力达到目标，正是这种不顾一切的态度才能忽视过程中可能出现的犹豫、不自信。其实，设立目标本身就是自信的一种表现，当然这种目标要切合女儿的实际情况，不可好高骛远，到头来得不偿失。

第五点：妈妈不要总拿他人和女儿进行比较。尺有所短，寸有所长。如果将女儿的短处时时拿出来和别人的长处相比，这很容易使女儿产生自卑感，挫伤自信心。

第六点：从现在开始培养女儿“今日事，今日毕”的观点。如果女儿总是把事情拖到明天甚至后天去完成，在潜意识里她就会发现今天自己似乎什么事也没做成，这就容易使她对自己的能力产生一种怀疑。妈妈还要鼓励女儿，让她无论做什么事都不要轻言放弃。自信靠的是不断的积累，半途而废永远不会有结果。

第七点：告诉女儿，每个人都是上帝独一无二的杰作，你就是自己，不要为了一些外在的东西去复制别人，如果孩子一味模仿，很容易迷失自我，如果连自我都没了，又何谈自信。

第八点：一定要让女儿学会自我激励，形成一个惯性的思想理念。不断地激励自我，走出困境，才能在这个过程中收获自信。

自信是一种心态，青春期的女孩要对自己充满自信。妈妈记得将“自信给自己看，你就是最漂亮的女生”这句话贴在女儿的床头，时时提醒她。

妈妈贴士：

很多妈妈会问，为什么隔壁的男生总是朝气蓬勃充满自信的样子，而自己的女儿总是什么事都做不来、娇气得很呢？原来，这是父母传统思想导致的，总认为生了女儿，就要好好宠爱，对女孩子照顾得更加仔细，什么事情都是父母包办，结果减少了女孩在实践中增长自信的机会。所以说，自信是从小培养的，妈妈要注意咯！

1. 要给女儿锻炼的机会。父母在平时谈话中不要让孩子形成“女孩子就是不如男孩子”的观点，而是要使她认为“女孩子不比男孩子差”。

2. 妈妈要根据女儿的兴趣、能力、性格等特点，让女儿拥有一项才艺，并且鼓励她在大家面前展示。这种与众不同的优越感，对于自信心的树立起着非常重要的作用。

3. 当女儿遇到困难时，妈妈不能一手包办，而是要鼓励她自己想办法克服，当然适当的帮助也是必要的。

4. 平时生活中，妈妈要善于发现和肯定女儿的点滴进步，给予适当的夸奖。

5. 妈妈从小就要给女儿讲一些女英雄、女科学家、女作家、女政治家、女企业家的成长故事。让她树立一两个终身学习的榜样。

6. 妈妈要做好榜样作用，在女儿面前树立一个事业上执著追求，遇困难不气馁，对什么问题都有办法的坚定、自信的形象。记住，妈妈永远是对女儿影响最大的人。

42. 女儿爱化妆

俗语说："女人是三分长相，七分打扮！没有丑女人，只有懒女人。"确实，化妆打扮对于很多女孩子而言就像一种魔法，可以修饰并弱化自己的缺陷，一定程度上增强自信，也可以突出个性，表现出活泼开朗、文静庄重等内在的性格特征。同样，青春期的女孩子对化妆也是抗拒不了的，对那些化妆过后光彩照人的明星更是羡慕嫉妒恨，无数次幻想着自己也能有这样的天使面孔。

青春期女儿的这种心理渴求，妈妈洞察过吗？了解过吗？

吴妈妈说，她女儿今年15岁，刚刚上初三，但不知为什么，孩子最近总爱用她的化妆品，什么眼影、口红、眉笔、面霜，孩子都要用一用。有时早晨上学时，女儿也要像成年人那样描来画去，让人看着很别扭。吴妈妈说，女儿还爱戴她的项链耳环，给人一种“小大人”的感觉。吴妈妈担心长此以往，女儿会失去孩子纯真的本色。

其实，青春期孩子的皮肤受到激素的影响，代谢旺盛，皮肤的一些附属物如汗腺、皮脂腺迅速增长，大量皮脂淤积于腺体内，如果腺体出口被堵塞，就会形成青春痘，这时经常使用化妆品，更加重了皮肤的负担。

而且，化妆品还可能给青春期女孩带来一些危害，主要包括以下几方面。

危害一：化妆品的成分里头有一些特殊的添加剂，如汞、铅、砷等重金属类，这些有毒物质被吸入体内有可能引起慢性中毒。

危害二：有些化妆品残留造成体内的蓄积，从而引起机体各种不良反应，最主要的就是中枢神经系统，如失眠乏力，记忆力不好，特别是情绪的变化是非常明显的。

危害三：化妆品还有可能引起过敏反应，使得皮肤发红，出现一些小疹子，甚至水肿等。

妈妈贴士：

青春期的女儿为了一时漂亮，不会顾虑这么多的危害，但是作为妈妈一定要在这时引导女儿，正确地面对化妆这一问题。首先让她了解青春期少女化妆的危害，其次告诉懵懂的女儿什么才是真正的美丽，外表的光鲜靓丽只是一小部分，女孩子最重要的是内在的修养与气质，所以自然、活力、积极才是这个年龄段最美丽的元素。但是如果女儿还是很想化妆，那么妈妈最好不要粗暴地制止，还是要尊重她的想法并积极引导。

1. 选择刺激性小并且适合女儿皮肤的化妆品，可以保护皮肤，减少伤害。

2. 教女儿认真卸妆，不要因为小小的懒惰而忽视这一过程，卸妆比化妆更重要，带妆入睡对皮肤伤害很大。

3. 买化妆品时注意检查包装盒上的标签内容是否齐全。标签内容应包括商品名称、制造商的名称与地址、净含量、生产日期和保质期、生产企业的生产许可证号、卫生许可证号和产品标准号。

43. 可爱女孩的高跟鞋情结

高跟鞋是成熟对青涩的诱惑，每个青春期的女孩看到妈妈穿上高跟鞋时那窈窕而曼妙的身姿都会忍不住心生羡慕，期待自己有一天也能拥有一双高跟鞋。对她而言，高跟鞋是对成熟的一种渴望，仿佛穿上一双属于自己的高跟鞋，就能够走向独立的人生，步入成人的社会。那种走在马路上被众人目光聚焦的感觉，是每个女孩梦寐以求的。

李女士回忆，她小时候经常趁妈妈不在家时偷偷踩着妈妈的高跟鞋在家里走来走去。有一次不小心把脚崴了，却不好意思说出实情，只能说下楼梯的时候摔了一跤蒙混过去。她的第一双高跟鞋是在高一的时候拥有的。那年国庆的时候她和舅妈一起去逛街，一双精致的高跟鞋吸引了她的目光，舅妈很善解人意地买下了这双鞋送给自己，当时的那种激动心情即使很久以后也无法忘记。买回去后她一直不敢穿，就算穿了也只会在房间里小心地行走，对着镜子摆出自认为很女人的姿势。

确实，高跟鞋对于女性而言，绝不仅仅是那几厘米的高度，更多的是一种无法言语的自信。

但是，对于青春期还在发育的少女来说，美丽是要付出代价的。

一般来说，15～16 岁是女性足骨发育成熟的时期，过早穿高跟鞋会使足骨按高跟鞋角度来完成骨化过程，易发生畸形。而骨盆一般到25 岁才定型，高跟鞋会加重少女未定型的骨盆的负荷，导致骨盆口狭窄，影响以后的分娩。

根据美国骨科医学会的研究显示，高跟鞋的尖头加上高跟的鞋履，会严重影响脚部的健康。因为高跟鞋会使女孩的体重集中在鞋头的一、两点，将脚趾推向鞋头前端，让脚掌承受过重的压力；同时尖窄的鞋头会引发脚趾疼痛、拇指外翻、槌状趾及足部变形等。

同时，穿着高跟鞋站立的女生，身体前倾、臀部向后凸出，易造成平背现象。腰背部肌肉过度拉紧、韧带紧绷，也可能出现慢性腰痛及膝关节疼痛。

对于脊椎已经受伤的女孩，更是要抵制高跟鞋的诱惑，以免脊椎受伤情况更加严重。

妈妈贴士：

如果你的女儿实在无法舍弃高跟鞋的魅力，那么最好给她买一双好鞋。那么，好鞋有哪些特质呢?

1. 鞋子一定要材质好、吸震、耐磨，并且有止滑效果。

2. 最好选择有足弓设计的鞋子，可协助分散重量。

3. 对少女而言，鞋跟不宜超过三厘米，且鞋跟不要太细，穿时要保持身体抬头挺胸，不要拿重物。

除了在选鞋上有些方法外，在穿鞋时也有一定的技巧。妈妈要记得告诉女儿以下的技巧。

1. 女儿穿高跟鞋时，可以让她在足弓处贴个软鞋垫，以减低脚底承受的压力。

2. 不管女儿多么喜欢穿高跟鞋，每天最好不要让她穿着超过2小时，以免影响健康。

3. 一定要让女儿经常泡脚、捏脚及按摩，减小伤害。

4. 如果你的女儿经常穿高跟鞋，可做一些和穿高跟鞋惯性姿势的反向动作，比如下肢拉筋动作，或身体靠墙，膝关节弯曲半蹲约20°。

44. 生理期的坏情绪是生理反应

许多女孩在月经周期会发生情绪大幅波动的现象，主要表现为烦躁、易怒、疲劳、头痛、焦虑等。

但是，很多女孩不知道这种坏情绪其实是一种生理反应。

小熊初一的时候有了初潮，后来隔了几个月才有了第二次月经来潮。但小熊的妈妈发现，每次月经期女儿的情绪就很不稳定，常常为了一点小事就觉得不愉快，乱发脾气不说，有时候还会控制不了自己的冲动而说一些尖酸刻薄的话，伤害了朋友之间的友谊。妈妈说她两句，小熊就会闹脾气，发生争执也是常有的事。最严重的是上个星期，小熊忽然离家出走，让妈妈担心不已，难道经期的情绪不稳定真有那么糟糕吗？

从上面的例子可以看出，很多妈妈对于女儿经期的坏情绪并没有足够的重视，她们单方面认为这是因为女儿脾气不好，或者心情不好偶尔才会出现的情况。

其实，女性的心理活动和行为是受月经周期中的性激素和垂体促性腺激素影响的。

除此以外，情绪波动与个人的文化修养、社会环境因素也有一定的关系。很多青春期的少女对月经缺乏正确的认识，听周围的一些同学说来月经是件痛苦的“倒霉事”后，女孩就会产生一种不良的心理暗示，造成精神紧张。

根据最近的一项研究表明，有很大比例的女性暴力犯罪活动和自杀都发生在经期来之前的4天到经期中4天这段时间内。

因此，妈妈对女儿的坏情绪应该注意，通过多种方式调整她的身心状况。例如建议孩子积极参加班集体的文娱活动，利用课余时间多阅读一些健康的书籍。妈妈也应该经常和女儿谈心，保持她的情绪稳定。

妈妈贴士：

生活中，妈妈还可以借助食物来帮助女儿告别情绪波动。

1. 让女儿多吃一些奶酪、酸奶、牛奶。研究表明，女性如果能保证每天1200毫克的钙质摄入，就能够保持整个月的情绪平稳。

2. 给女儿准备豆制品，让她多喝豆浆，有助于增加体内的荷尔蒙含量。

3. 要注意少吃多餐。在月经来潮之前千万不能让女儿暴饮暴食。稳定的食物摄入有助于保持较高的血糖水平，减少因荷尔蒙波动带来的影响。

4. 应随时注意休息，保证女儿睡眠的充足。

45. 青春期女儿如何叛逆

青春期女孩在开放性与封闭性的矛盾中渴求着与他人平等交往、真诚相待。但这种渴求因为人与人之间的差异性而缺乏释放的对象，只能成为写在日记里的秘密，结果导致孩子既希望被了解，又害怕被看穿，叛逆由此而生。

但叛逆与独立似乎是一对姐妹花，孩子的叛逆总是随着独立意识、自我意识的不断发展而产生，但二者又不可等同。在“心理断乳期”中，如果心理能力与自我意识无法协调发展，便会出现难以应付的“危机感”。

那么，青春期的女儿是如何叛逆的呢？

肖女士的女儿今年14岁，以前是个很听话很乖巧的孩子，但最近变得很奇怪。在家里对大人爱理不理的，有时出门招呼也不打，经常玩到大半夜才回来，问她去哪里玩了她也不说，还嫌烦，说自己是大人了，没有必要事事报告。肖女士很担心女儿的安全，但是孩子大了又难管。难道女儿不知道妈妈会担心吗？

从上面的例子我们可以看出，孩子在青春期很容易走上极端“独立”，很显然这里的“独立”已经染上了叛逆的色彩。这对孩子的身心发展和成长发育都是有危害的。

那么，哪些是需要引起家长注意的叛逆行为呢？

第一，女儿开始不服从妈妈的教育，表现为顶嘴、对抗。当然，这并不是绝对的，在判断过程中妈妈应该审视自我，看看自己的教育是否有不当的地方，是没有站在女儿的角度思考，还是教育过程中口气过于强硬，引起孩子的不满。

第二，故意唱反调，与社会的主流思潮背道而驰，越是被禁止的事，越要去做，以此来挑战父母的权威。

第三，以自我为中心。自己想怎么样就怎么样，完全不考虑他人的想法，听不进善意的劝告和建议。

第四，对正统的事物持反对态度。总是对优秀的人进行讽刺，认为他们虚伪。

女儿的叛逆只会使她在成长的道路上越走越偏，最终背离整个主流社会，一事无成。所以，对于青春期女孩的叛逆行为，妈妈一定要格外注意。

妈妈贴士：

对于孩子的叛逆心理若是处理不当，会对孩子的成长造成很大影响。妈妈不妨试试以下办法吧。

1. 不要因为工作忙而忽视了孩子的对话需求。在青春期这个非常特殊的阶段，妈妈一定要和女儿构建一个沟通的平台，指导孩子站在积极的角度去理解父母的啰唆、老师的批评，了解大人的良苦用心。

2. 当女儿向你谈及她感兴趣的话题时，不要心不在焉、敷衍了事。就算当时有十分重要的事，最好事先说明一下，等事情结束后，再集中注意力，一心一意地听，并给予积极的回应。

3. 要多陪女儿参加她感兴趣的活动，在这个过程中以朋友的身份和她交流，潜移默化中让孩子学会如何正确地待人接物。

4. 女儿发表不同看法的时候，要耐心听完，不可粗暴打断。等你全面了解她在想什么之后，再用交换意见的方式提出你的看法。只有顾忌她的感受，才不会引起逆反心理。

5. 不要把自己的价值观强加给女儿，经验主义已经行不通了。妈妈要做的，只是耐心地帮助她克服自身尚存的幼稚性和认识上的片面性。

46. 是什么让女儿思想偏激

我们发现，很多女孩的一些思想很偏激。对于自己不愿意接受的事情，往往会产生一些偏激的情绪反应，有时候甚至是一种攻击行为。很多妈妈忧心忡忡，担心这是一种心理疾病。

其实，青春期孩子的偏激都是正常的心理反应，这是孩子情感调节能力不成熟造成的，短时间内无法改变。

那么，到底是什么让女儿的思想偏激呢？

刘女士的女儿今年11岁，但是小小年纪就很能说。与人争论问题时，有时明知是自己错了，也寸步不让，硬是把歪理说成有理。平时看待问题总是很绝对，父母和她说什么她也不信，用自以为是的道理进行争论。有一次全家逛街，女儿看中了一个发卡要买，刘女士觉得女儿发卡太多就没答应，结果回到家里女儿把所有发卡都掰断了，见父母不理她，甚至拿起剪刀要剪头发，这让刘女士两口子非常担心女儿的心理状况。

这个时候，妈妈既不能采用责骂的方式，更不能放任自流，而要改变教育引导孩子的方式。但在此之前，必须认清女儿偏激的原因。

事实上，女儿出现偏激的行为和言语，都是她在寻找表达不满的方式而已。这种不满可能是平时父母对她的关注太少，控制太多，让她感觉不到自由，需要用一些极端的方式来发泄。也有可能是孩子正当的思想观点或要求没有得到认同与满足。所以，在教育上，要注意具体问题具体分析，以偏激治偏激是下下之策。

首先，妈妈要丰富女儿的知识经验。孩子生活经验少、知识面窄，看待问题容易“坐井观天”，以偏盖全。针对这个问题，最好的办法就是帮助孩子开阔视野，让她多接触生活，积累丰富的知识经验。

其次，通过一些轻松愉快的方式，如讲故事、做游戏向孩子传输正确思维的意识，帮助她全面、客观地看待和分析事物。平时要让女儿多思考问题，学会“三思而后行”。

最后，加强女儿意志力的锻炼。通过设定一些目标计划，帮助孩子提高自我控制的能力。

妈妈贴士：

女儿的自控能力是纠正偏激思想最好的办法，妈妈应该教会女儿如何自我控制。

1. 理智。妈妈要教女儿学会以理办事，以理服人，遇事要冷静思考，不可冲动行事。

2. 礼让。这个年纪的女孩最是争强好胜，得理不让人，无理辩三分。妈妈要教女儿在与人争论时，要心平气和，以理服人。

3. 控制。告诉女儿，控制不住自己情绪的时候，最好深呼吸，换个话题。

47. 别去砸开抽屉的锁头

孩童时期的单纯与依赖让父母轻易掌握孩子的一切，无论是没及格的考试卷还是偶尔的调皮捣蛋，统统逃不过妈妈的火眼金睛。

直到有一天，妈妈发现女儿的抽屉在不知不觉中居然多了一把锁，仿佛这个小小的锁是一道巨大的鸿沟，隔开了母女多年的信任与感情。妈妈无法理解，女儿有什么是不能和自己说的呢？难道步入青春期后，女儿就不再依赖、不再需要自己了吗？

也许平时并不在意的一个抽屉，从这一刻起变得神秘起来，就像潘多拉的魔盒，妈妈明明知道不能私自打开，却抵不过对女儿心事秘密的好奇。只是，当女儿发现，自己的小秘密被他人以暴力的方式窥探后，只怕母女之间的关系会被硬生生划下一道裂痕。

所以，妈妈要记住，千万不要砸开抽屉的那把锁。

小诗今年上高一，有一天回家的时候，发现抽屉上的锁不见了，打开抽屉一看，果然里面有被翻动的痕迹。更糟糕的是自己的日记本也被看过了！小诗把书包一扔，就去找妈妈问个究竟。而妈妈只是随口说一声："小小年纪还有秘密？你是我女儿，你有什么是我不能知道的？"小诗一时之间不知道怎么回答，愣了愣就回到房间伤心地哭了起来。

很多妈妈理所当然地认为，女儿的抽屉上锁肯定是有什么不可告人的秘密，是做贼心虚的表现。越是这样，就越是要弄清楚，以免女儿有什么不好的事瞒着自己，走上歧途。小诗的妈妈应该也是这样认为的，自己的女儿没什么不能告诉自己，自己也有权知道关于女儿的一切。砸开她的锁，没什么关系。但这种想法，完全忽视了女儿的感受。

孩子步入青春期后，一方面自我意识越发明显，也许她并没有什么大秘密要瞒着你，仅仅是想通过抽屉的一把锁，为自己正茁壮成长的"独立"与"自由"意识留一个空间。

她通过各种渠道知道了"隐私"这个词，一旦妈妈用太过极端的手段破坏了这种"隐私"的需求，那么，在女儿的心中，只怕与不"尊重"她没有差别，妈妈以后要想再走进女儿心里，恐怕就很难了。

所以，各位关心女儿却用错了方法的妈妈，如果你正有这个打算，就赶紧停止吧。如果你已经做了，就和女儿好好谈谈，表示歉意。记得，要允许并尊重孩子有自己的秘密。

妈妈贴士：

女儿开始有了秘密，说明她正从幼稚走向成熟，开始学会自己思考问题，有了自己独立的见解。这是好事，是值得高兴的。

这个时期的女儿，急需从大人的认可中突显自己的“成熟”，这首先就得从父母对孩子的“尊重”开始，那么，如何让女儿觉得妈妈在尊重自己，把自己当成大人了呢？

1. 妈妈在进女儿房间的时候，不管有没有上锁，都记得先敲一下门，等到女儿学着大人说了一句“进来”之后，再开门进去。

2. 鼓励女儿自己收拾房间，不随便去动女儿摆放的东西，这样既培养了她生活自理的能力，又让她觉得，自己是这个房间的主人，自尊心得到了极大的满足。

3. 抽屉上的锁千万不能砸，女儿忘了收的日记也不能动。宁愿在平时的聊天中多关心女儿一些，让她自己说出小秘密，也不要用这种极端的手段来窥探，那样的话会让女儿失去对你的信任。

48. 像闺蜜一样跟她谈谈爱情这件事

青春期的爱情如窗台的百合，纯真而又令人向往；青春期的爱情是迷茫的蒲公英，不知飘零何处；青春期的爱情是过早盛开的花朵，脆弱的茎枝承受不住过重的负荷；青春期的爱情是一条曲折小径，看不到未来的尽头。

但是，无论青春期的爱情如何脆弱，它总是像一颗种子，洒落在少男少女的心田，不经意间便有了雨水灌溉，生根发芽然后茁壮成长。

妈妈最怕的就是懵懂的女儿忽然明白了朦胧的爱情，尽管那是一份幼稚而缺乏担当的情感，但却是女儿最纯真的感情。也许会如涓涓细流般流过很多岁月，也许会如沙尘暴一样，瞬间狂风大作轰轰烈烈，又在下一瞬归于平静，仿佛什么也没发生。

妈妈要做的，就是像个闺蜜一般，和女儿轻松地探讨爱情这回事。

林女士的女儿今年上了高一，她非常清楚地知道高中对于女儿来说有多么重要。一个女孩在高中如果不加倍努力，将所有心思扑在学习上，成绩是很难名列前茅的。看着出落得亭亭玉立的女儿，林女士几次想和女儿聊一聊她最担心的话题——爱情。但是，每次话到嘴边又不知道该怎么开口，只能在心里默默担心。

当然，该如何跟女儿谈谈爱情这件事，是许多妈妈的难题。

其实，关于爱情的讨论，妈妈最好的角色就是扮演“闺蜜”。须知，女孩所有的情感烦恼，都会向闺蜜倾诉，听她们的意见，或是得到安慰。

不过，在交谈前，妈妈需要对青春期的爱情有一个大致的了解。

花季雨季的少女们对异性的爱恋充满了想象力，她们在和男生的交往中获得一种“说不清的愉快感”。这其实是青春期女生一种正常的心理发展过程，是她们想获得健康情感和独立人格的一次实践与尝试。

在认清这个道理的基础上，妈妈开始尝试和女儿交谈。但要注意的是，不能一开始就摆出“禁止恋爱”的口气和态度，这会给女儿造成一种说教的感觉。为什么闺蜜给出的建议大部分会被采纳，原因就在于双方永远处在一种平等的交谈地位。

交谈过程中，妈妈不要急着否定女儿自认为的“爱情”，她会认为越是被反对的就越是爱情。

这个时候，可以从探讨开始。妈妈不妨引用美国著名心理学家弗罗姆关于爱情四要素的定义：“奉献，能为心爱的人无私地奉献一切；责任，能为相爱的人严格恪守一切承诺；尊重，不以自己的需要勉强对方改变什么，在分歧面前能做到求同存异；理解，能设身处地为对方着想，善于沟通，善于发展爱的情感。”

然后可以让女儿独立思考，看看自己的“爱情”是否与之相符，是否可以被称为真正的爱情。最后，记得给女儿一个拥抱，告诉她：“无论你做什么决定，妈妈都支持你，但希望你能仔细思考清楚，你未来还有很长的人生，要对自己的决定负责，三思而后行。”

妈妈贴士：

想成为女儿的闺蜜，说难不难，说简单也简单。“简单”是因为，妈妈是女儿生命中最重要的女人，这层与生俱来的亲密关系和依赖关系是其他人无法比拟的；说难则是因为母女之间思想观念上的差异太大，容易有理解上的代沟，而且妈妈习惯上将自己摆高一个台阶，使女儿感受到了地位上的差异。那么，究竟该怎么做呢？

1. 平时不要轻易对女儿发火，不要揪住她的一些小错误不放，使她对你有畏惧心理。

2. 平时多和女儿聊天，一起看电视一起逛街，看到电视里的爱情戏可以趁机和女儿交谈，如果女儿看中了一件你不中意的衣服，不要断然拒绝，可以建议她多看几家，再做决定。

3. 试着喜欢女儿喜欢的东西，无论是明星还是电视，让两人尽量有更多的话题。

4. 拥有共同的小秘密，这个秘密可以是你的，也可以是女儿的，要知道，共同的秘密是闺蜜最主要的标志。

49. 喜欢与爱是两码事儿

青春期的女孩敏锐而感性，她们天生的细腻让她们更善于了解自己的情感。也许妈妈会发现，女儿的抽屉里、床头边在不知不觉中多了一本言情小说。她为故事中的人物命运、情节坎坷而流泪，并将自己带入其中，幻想着某一天能遇到值得等待的那个人，一起拥有一段美丽的爱情。

但现实毕竟不是小说，哪有那么多的花前月下、海誓山盟，但女孩还是轻易动心，并且认为这个人就是自己一生一世要与之在一起的。

但她们此时心智尚不成熟，人生阅历也太过浅薄，看着一棵大树便误以为是整片森林，错误地将朦胧的好感当成浓烈的爱意。

然而，喜欢和爱是不同的。喜欢是一种单纯的情感，由好感衍生，短暂易逝。它脆弱、青涩、幼稚，一场狂风暴雨过后，就只剩落红满地，花残叶落。爱却是一种复杂的情感，以生命为终结，厚重长久。它坚固、成熟、厚重，就算是巨大的毁灭到来，相爱的人仍旧能牵手。

我们常说，经济基础决定上层建筑，同样地，经济基础也决定了一份情感是否能定义为爱情。当然，我们并不是说物质欲望就等于爱情，但是没有经济基础的爱情注定无法承担应有的社会责任，无法走向家庭共享权利与义务的情感又如何称为爱情呢？

青春期的情感往往是盲目的，“不求天长地久，只求曾经拥有”是很多女孩对她们想象中爱情无奈的妥协。明知道没有结果，明知道走不向未来，却还是飞蛾扑火般用前途做赌注，用青春当砝码。

但是，喜欢和爱真的是两码事儿。喜欢可以只顾当下快乐，爱却注定背负了太多的甜蜜与痛苦。

妈妈应该尽量寻找合适的机会和女儿好好谈谈这件事，帮助她清醒地认识自己的情感，主动辨别喜欢和爱。不要用自我的臆想伤害未来的人生。

妈妈贴士：

女孩总是将喜欢与爱混淆，除了年纪小、阅历浅的原因外，同时也存在一些外部因素。

1. 小说与电视剧的误导。越来越多的小说为了迎合市场，将爱情与喜欢简单地混为一谈，误导了初中生的爱情观。同时，那些粗制滥造的电视剧也是罪魁祸首之一，如果妈妈发现女儿被这些东西影响，可以随时和女儿进行探讨，引导她树立正确的爱情观。

2. 妈妈平时可以多和女儿聊天，将自己当年的爱情以及这么多年的生活感悟一一告诉女儿。通过自己的亲身经历告诉女儿爱情与喜欢的区别。

50. 她的情书，你怎么看

也许是某个飘着小雨的清晨，也许是某个雨后湿润的黄昏，你无意中在粗心的女儿书包里，发现了一封来自某个男孩的情书。这个时候，妈妈恍然意识到：女儿已经长大了，开始吸引异性的目光与爱慕。

有一次放学回家，露露拿了一封男生给她的信给妈妈看。妈妈问："你为什么告诉我你收到情书了，你就不怕我生气吗？"露露说："我觉得不会吧，而且我也不知道该怎么办，扔掉吗？"妈妈说："你现在还在上学阶段，虽然说有人喜欢是很正常的，说明你已经长大了，各方面都优秀，但青春是有限的，如果现在不抓紧时间学习知识，以后肯定要后悔的。等你有了知识，层次和水平都有提高，以后好的男孩肯定排着队追你。”露露搂着妈妈说：“妈妈，你真好，不像有的家长跑到学校去告诉老师或者到人家家里去吵闹。”这时妈妈又说：“这封信是扔掉是保存都可以，但是以后对那个男生要与其他同学一样。”从那以后，露露只要有问题都会找妈妈解决。

从上面的例子里可以看出，女儿收到情书并不是一件多么可怕的事，只要妈妈能够循循善诱，将其中的利害关系讲清楚，不但能教会女儿如何正确处理情感问题，还会得到女儿的信任和依赖，一举两得。

由此不难发现，怎么处理“烫手”的情书，其实是最重要的。大多数的妈妈会觉得无从下手而选择训斥责怪，然后告诫女儿再不许和那个男生往来。其实，这么做完全没有必要。每个妈妈都曾经走过青春期，那个时候或多或少心存着对异性的好感与欣赏。唯一不同的，大概是那个年代的人们不敢坦言，更不敢接触，唯有选择藏在心中，任它沧海桑田。

更糟糕的是，有些家长会带着情书去找老师、找校长，弄得学校里人尽皆知，不仅会影响那个男生，还很有可能在女儿的心中留下难以抹掉的阴影，更有甚者，班上的男生女生会把女儿孤立起来，不肯和女儿玩。

所以，女儿的情书是一把双刃剑，用正确的眼光去看待，对人对己都有莫大的好处，妈妈在这个问题上，一定要冷静理智，切不能盲目行事。

妈妈贴士：

对待女儿的情书，在放平了心态之后，最重要的便是处理女儿的情绪。一封小小的情书，对于情窦初开的女儿而言，也许是平地惊雷，惊涛骇浪。

那么，该怎么和女儿说，才能引导女儿正视这封情书呢？

1. 告诉女儿，这说明她长大了，开始吸引异性的目光了，某种程度上是对女儿的一种肯定。

2. 要帮女儿分析，她吸引男生的魅力是什么。如果是品德，那么就要保持心地善良、乐于助人的好作风；如果是学习，那么就要继续努力学习，争取成绩名列前茅；如果是气质，那么就要继续多看书，提高气质修养；如果是脾气，那么就要保持温和的性格，不要随便任性、发脾气等。

3. 要告诫女儿，不论她是否对那个男生有好感，都要以不变应万变。青春期的情感还没定型，喜欢的感情不断变化是很正常的，所以，不要把这封情书看得太重，这仅仅是表达好感的一种方式。

4. 建议女儿选个合适的时机直接告诉那个男生，上大学前自己不想考虑任何与学习无关的事。

5. 要向女儿解释，真正的爱情是需要承担责任的，这个年纪的男生恐怕对自己都无法负责，更别谈对他所认为喜欢的女生负责。一个没有能力对女生负责的男生，凭什么谈喜欢呢？

51. 暗恋，教她享受另一种美

暗恋是一种安静纯净的情感，于无声中默默地生长。在一路的坚持与低落中，于放弃的边缘几度坚持。暗恋毫无功利性，完全不求回报，就是这样一种如梦似幻的情感也许会陪伴很多女孩走过青春期的潮起潮落。

一开始，暗恋还只是一颗名为“好感”的种子，随着日复一日的注视与期待，种子在心中生根发芽，最后发现那种喜欢的心情已渐渐占据了整个胸膛。

大多数女孩的暗恋都无法倾诉，只是放在心中供以后的岁月怀念。无论何时想起，都是心里一抹最温暖的回忆，一段最柔软的时光。

歌德说过，“我喜欢你，但与你无关”。暗恋，就是这样一种美丽的情感与付出，是一种可以享受的美。

苏苏初一的时候，喜欢上了班上的一个男孩。由于男孩很优秀，班上很多可爱漂亮的女孩都和苏苏一样喜欢他。苏苏觉得自己很平凡普通，只好将这份感情放在心里。但是平时又忍不住去关注那个男孩，有时候想起来，心里会有一种甜蜜而心痛的感觉，令苏苏非常难受。有好几次都差点忍不住说出来，那样总好比憋在心里的好。可又怕说出来被拒绝，以后那个男孩会讨厌自己。

青春期的少男少女最容易在无意间产生喜欢异性的情感，但那个年纪的孩子面临着学校和家长的双重压力，在情窦初开的年纪里只能偷偷暗恋。

暗恋的情感放在心中无法说出口，却一直坚守无法放弃。这种矛盾会让一个人抑郁、焦虑、缺乏自信、情绪起伏大，最终影响到现实生活。

对于学业压力很重的女儿来说，暗恋的情感无法得到引导，将会产生糟糕的影响。

首先，女儿可能会感到自恋或者自卑。情感无法开口，大多数的女孩会选择自己一个人胡思乱想，这样一种自欺欺人的方式，既浪费时间也耗费精力。而且自恋与自卑都是两种非积极的情绪，对女儿的身心发展都不好。

其次，女儿可能会发胖。情感无法表达，内心郁结，只有通过暴饮暴食来发泄苦闷。吃饱喝足后就能暂时忘记烦恼，但却在无形中变成了胖子。

最后，女儿的学习成绩可能会下滑。上课的时候她可能会望着喜欢的男生发呆而不集中注意力听课，平时在家里只想“怎样才能吸引他的注意力”，或者“他到底喜不喜欢自己”这种问题，没有把精力完全放在学习上。

所以说，妈妈应该及时开导女儿，教导她：暗恋是一种很美丽的情感，应该享受其中，默默珍藏，而不是让暗恋伤害到自己。不然，这样一种简单的情感就失去了最初的纯真。

妈妈贴士：

既然暗恋是一杯苦咖啡，就需要妈妈在其中调和。那么，妈妈该如何判断女儿是不是喜欢上别人了呢?

1. 妈妈可能觉得女儿经常提及的班上某个男生就是女儿暗恋的对象。其实不然，这个年纪的女生最担心的就是自己的暗恋对象被人发现，于是她会将那个人埋在心里最深的地方，直到释怀的时候才会笑着和别人提起。所以，妈妈不要对女儿常提起的男孩疑神疑鬼。

2. 女儿会开始过度注意自己的外表，“女为悦己者容”这句话说得一点也没错，只有希望异性注意到自己，才会在打扮上花非常多的心思。当然，这也不是百分之百准确，仅仅是一种可能性。

3. 女儿开始变得多愁善感。暗恋是苦涩的、无望的，这种情绪会激发女生心中最消极的一面，大多数的女生会采取写出来的方式。也许是日记里令人默默流泪的一页，也许是博客里说不清道不明的情绪惆怅。

52. 独立意识，女孩更需要

如果有一天，女儿不再对你言听计从，而是对你让她做的每一件事，都要自己想想后才做，有时候甚至会提出不同意见，妈妈就会很不习惯了：女儿怎么忽然不像以前那么听话了？是不是在叛逆呀？

其实不然，这种情况的出现，也有可能是因为你的孩子正在走向成熟与独立。

随着成长的脚步渐行渐近，孩子从生理到心理都在发生着翻天覆地的变化，从身体的发育开始，她意识到自己不再是个孩子，内心深处的成人意识开始觉醒。这种角色的转变使她迫切需要重新认识自我，而这种自我则建立在日益强烈的平等、独立的要求之上，很明显的一点，就是要从大人的庇护与束缚下挣脱出来。这种日益成熟的独立意识，女孩更加需要。

一天早上，圆圆按时起床准备去上课，穿衣服的时候她发现昨晚准备的小裙子不见了，取而代之的是一条裤子。圆圆就问妈妈："我昨天晚上拿的裙子呢？我今天要穿的！"妈妈停下手里的事，说道："今天有点冷，还是穿裤子吧，你看外面哪个女孩穿裙子了呢？"圆圆不高兴地说："我觉得不冷，再说为什么非要等到别人穿了裙子我才能穿，老跟在别人后面干吗，我要当我们班第一个穿裙子的！""我说你这孩子怎么那么不听话，大人说什么就听什么，说了会冷就不要穿，赶紧去上学！"圆圆心里不服气："我不是小孩子了，穿什么我自己决定，不然我今天就不穿了，不去上学了！"那天早上因为这么一件小事，母女俩大吵了一架。

逐渐形成独立意识的孩子开始用各种办法摆脱父母保姆式的关爱，她的内心世界仿佛如绽放的烟花一般丰富多彩，喜欢按照自己的见解和意志来完成一件事。她开始明白，人生是为自己而活。

但是，青春期的女孩在独立性与依赖性之间往往会产生一种矛盾冲突。她既渴望像大人一样独立，却又缺乏独立应有的品质和能力，比男孩更为依赖父母。

有些父母觉得只要女儿以后能找一个好老公，照顾她一辈子，这样就算独立性差一些也没关系，其实这种观点是完全错误的。不论男孩还是女孩，当他们以一个独立的姿态生存在这个世界上时，就注定不可能完全依赖某个人。因此，对于女孩而言，独立意识显得尤为重要。

那么，在家庭环境中，妈妈应该怎样有效地培养女儿的独立性呢?

首先，妈妈应正视孩子的独立意识。有独立意识是好的，但培养过程却是曲折的，在这个不断成长的过程中，母女之间总会产生一些意见分歧，甚至出现争吵。其实，妈妈应该看到这种朦胧意识的积极性，尽管离真正意义上的成熟还有一段距离。这个时候，妈妈不能用粗暴的手段打击这种独立意识，而应该细心呵护，善加引导，帮助女儿消除消极影响。我们说过，在独立意识形成的过程中，必定是伴随着疼痛与不安的。当女儿觉得自己受到了束缚时，就会暂时性地敌视父母。这种“敌对倾向”有着非常大的负面影响。用冷漠来掩饰内心的痛苦与孤独，这使得孩子缺乏安全感，不利于形成独立意识。

其次，妈妈应该和女儿一起学习理解。理解是相互的，只有妈妈和女儿之间通过沟通与了解，才能使彼此的情感得到交流，妈妈才会懂得如何去尊重孩子的独立性，以平等的姿态同孩子商讨一些事情，使孩子觉得自己是个成熟的大人了。同时，妈妈还得学会尊重女儿的隐私。窥视隐私对孩子而言绝对不是一种关爱，这会严重伤害孩子的自尊心，造成精神压力。要知道，没有隐私的孩子是长不大的。

再次，让女儿学会自己教育自己。不论是过度娇纵还是严厉刻板，都不可能培养出一个具有独立意识的孩子，不妨让孩子加强自我修养，学会自己教育自己。

最后，给女儿创造独立的机会。成长需要父母提供机会，创造环境。只有让女儿通过自己的努力独立完成一件事，获得心理满足，她才能对独立意识有一个积极的态度。

现代社会，女性的地位进一步提高，但男尊女卑的阴影仍没有完全消除。要改变现状，就必须从培养女生的独立意识开始，让她摆脱依附男人的现象，不论从物质上还是从心理上，都要实现真正的独立。

妈妈贴士：

在女儿成长的道路中，妈妈除了为女儿遮风挡雨，还要包容她偶尔的叛逆。为什么妈妈和女儿之间，在独立意识的培养过程中有那么多的矛盾呢？

1. 妈妈的教育方式不当。简单粗暴的教育方式与孩子日益增长的独立意识产生了不可调和的矛盾，她需要理解，却无法沟通，只能用倔犟来表达不满。

2. 妈妈的沟通态度不当。妈妈每次和女儿沟通的时候，都习惯性地采用教育的口吻，这让女儿觉得自己的想法被完全否定，这对于需要独立、渴望成长的孩子而言是巨大的打击。

3. 母女的相处模式不当。在家庭里，孩子永远是没有发言权的那个，一旦有什么事，妈妈甚至会选择瞒着孩子，这让孩子缺乏家庭地位的认同感，认为父母没有把自己当成这个家庭的一分子，得不到应有的权利。

第六章　女孩长大了就会笨吗
——应对青春期女儿的学习问题

很多妈妈都有这样一个共同的感觉：女儿小时候乖巧懂事，总是认真完成老师布置的作业，学习不需要大人操心。可自从上了初中以后，女儿的学习劲头就没那么足了，她一大半的精力被各种各样的外界诱惑分散，渐渐懒得学习，甚至厌恶学习。这种变化让妈妈一头雾水，心中生出了疑问：女儿长大了就会变笨吗？其实，并不是这样，而是青春期来临造成的影响，这个时候，你需要做的是了解并走进她的内心，成为女儿最坚强的后盾，和她一起面对青春期的学习问题。

53. 女儿的学习兴趣在哪里

好学一直是中华民族的传统美德，从凿壁偷光到囊萤映雪无一不向我们展示了古人对于学习的孜孜不倦。

“兴趣是最好的老师”一直是我们所强调的，但是兴趣这种抽象的东西到底在哪里？这是令很多家长头痛的问题。

在青春期各种诱惑增多的情况下，如何来激发女孩学习的兴趣呢？

锜锜上了高中以后，学习反倒没以前那么认真了。每次晚自习前的休息时间都要打开电脑看她最喜欢的日本动漫，那么短的一点时间都不能用来好好吃饭和休息，时间一到又要马上去学校上晚自习。锜锜妈妈知道女儿平时学习辛苦，也就没有多加干涉。可最近，女儿的学习积极性很差，下了晚自习回家做作业总要做到很晚，有时候妈妈端消夜进去，发现女儿对着书本发呆，根本就还是半个小时前自己看到的样子。妈妈对锜锜的状态很担心，觉得女儿对学习似乎完全失去了兴趣。

孩子只有对所学的课程感兴趣，才能把自己的心理活动集中在学习这一对象上。这样一来，孩子不但注意力集中，而且记忆持久且准确，思维敏锐而丰富，大大激发和强化了学习的内在动力，从而调动起学习的积极性。

从这可以看出“兴趣”是学习的魅力所在。那么，妈妈该如何培养女儿的学习兴趣呢?

关键词一：积极期望

即从改善孩子自身的心理状态入手。很多女孩子都喜欢偏文科一些的东西，对于理科类的课程总是头痛不已、叫苦连天。这个时候妈妈要帮孩子培养一种“数理化都是很有趣的学科”的观念，鼓励孩子树立学好这些课程的自信心。简单来说，就是利用想象中的“兴趣”来推动孩子好好学习，再反作用于兴趣的产生。其实，并不是说女孩天生就适合学文科，只是很多家长老师都有“女孩子学理科要差一些”的偏颇观念，从而对女孩产生了一种消极的心理暗示，认为没有人期待自己“能够”学好理科。试想，外界没有期望，她又怎么会努力呢?

关键词二：从小目标开始

很多妈妈经常对女儿说“你一定要考上重点大学”这样的话，虽然这是在为女儿树立人生目标，但这毕竟太过遥远，女儿每次看到那么高的目标，都会产生一种消极的倦怠和畏难心理，无法踏实地走好每一步。久而久之，孩子在求学的道路上越走越慢，自然就失去了走下去的信心和兴趣。所以，建议妈妈和女儿一起每天制订一个小计划，一个阶段树立一个近期目标，并且尽力去完成。长此以往，一定会有很大的提高，最终实现理想。

关键词三：自我成就感

“重赏之下必有勇夫”这句话向我们揭示了一个不变的真理：任何人都需要奖励作为前进的动力。青春期的女孩物质欲望并不高，反倒是自我意识不断觉醒，在她自以为成熟的道路上，需要妈妈的鼓励和支持，以满足她小小的虚荣心。建议妈妈在孩子每一次取得进步的时候，给她一个小小的奖励，比如带孩子一起出去玩，给她买一条她喜欢很久的裙子，哪怕只是口头的夸赞或是欣慰的笑容，都有助于孩子自我成就感的实现，支持她在学习的道路上越走越远。

关键词四：不断提问

不断提问并且寻找答案是培养兴趣的重要方法，这就需要妈妈在平时生活中培养女儿爱提问的习惯。比如孩子问你一个问题时，你不要随便敷衍几句，而要告诉她“妈妈也不知道，让我们一起寻找答案吧”，由此培养女儿遇到事情爱动脑筋，并且亲手实践解决的好习惯。

关键词五：勾画蓝图

每一个青春期的女孩对未来都有无尽的向往，而这种向往恰恰是激发她不断努力的基石。妈妈应该和女儿一起构建一个关于未来的美好蓝图，然后告诉她每一块拼凑的版图都需要今天每一步的努力。由此让女儿明白，要为自己的未来而加油。

兴趣永远不会自己冒出来，培养女儿的学习兴趣，需要妈妈在黑暗的夜里点亮一盏明灯，照亮孩子前进的道路。

妈妈贴士：

如果你的女儿已经对学习失去了兴趣，失去了信心，不妨和她一起试试下面的几个小方法，也许有一个会适合你的女儿，可以帮她重新燃起对学习的兴趣。

1. 兴趣暗示。你的女儿也许不喜欢数理化这三门功课，每次上课都像听天书一样，一做作业就很想睡觉，完全没有兴趣的样子。这个时候，妈妈可以和女儿一起试试这个方法。比如，在做物理作业之前，母女俩一起做热身运动，记得要面带笑容，调动情绪，保持愉悦。然后妈妈鼓励女儿自己亲口说出“我爱物理”，如此重复三遍后，可以开始学习。坚持一个月，这些语言就会在潜移默化中影响女儿，使她相信自己对物理很有兴趣。

2. 兴趣迁移。这个很好理解，每个孩子都有喜欢的科目和不喜欢的科目，这时候就可以通过转移的方法，用感兴趣的科目带动不感兴趣的科目。妈妈可以以一定的规律问孩子："你想不想把数学学好？"然后孩子回答"想"，以此来调动孩子的情绪。然后让孩子想一下自己喜欢的课程，再想一下自己不喜欢的课程，让面对喜欢课程的快乐心情迁移到不喜欢的课程中去，久而久之，即使是面对很头痛的课程时，女儿也能保持一种平和的心态。

54. 女孩真的学不好数理化吗

现代社会普遍认为女孩子不适合学习数理化，这个观点在一些老师与家长的脑海中已是根深蒂固。因此，如果一个初中成绩很好的女孩到了高中落后了，大家一般会用"女孩果然不适合学习数理化"这么轻飘飘的一句话来解释。而很多女孩听到这话后，心里便有了一种消极暗示，认为自己身为女孩天生就不适合学习数理化，于是对于理科便失去了兴趣和信心，自然而然成绩越来越差。

这就像是一个怪圈。陷入其中的女孩，数理化一直是她最头疼的问题。

高二分班的时候，衣衣在老师与爸妈的劝说下选择了文科。理由很简单，她的物理成绩很差，老师和爸妈都觉得衣衣一个女孩子不适合学物理。其实，衣衣初中的时候物理成绩很好，这也许和初中物理比较简单有关系。上高中之前，隔壁的一个姐姐在聊天中告诉她，高中的物理非常难，她们班的女生几乎及不了格，这在无形中给她造成了一种心理压力，让她在潜意识里认为女孩子是学不好物理的。后来上了高中，她每次考物理都十分紧张，一面告诉自己要冷静，一面又抑制不住地手心出汗。最后，她对物理彻底失去了信心。

虽然从生理上来讲，男孩在逻辑思维能力上稍微占了一点优势，但是女孩性格中的细心、认真正好可以弥补这方面所谓的“劣势”。从某种意义上来说，女孩学习成绩的好坏和学什么并没有直接的联系，最关键的在于她是不是有兴趣，是不是有信心，是不是为之努力用功过。而这份兴趣和信心的培养则来自老师与父母。

在最近的一次调查中发现，有39%的女生认为，理科老师对女生的学习能力存在偏见，认为女生学习数理化就是不如男生。

这是一个不得不正视的现实，如果连老师都对女生没有信心，那么女生的信心又从何而来呢？

这个时候，特别是在女儿成绩一落千丈的时候，最需要的就是妈妈的肯定与鼓励。妈妈要想办法引导女儿树立自己并不比男生差的观念，帮助她端正学习态度，掌握科学方法。

妈妈贴士：

除了心理上的帮助外，妈妈还要认识到，学好数理化这几门功课，需要结合正确的学习方法。在这里给妈妈介绍几点方法，以供参考。

1. 兴趣。我们总强调兴趣是最好的老师，只有对数理化产生了兴趣，才会有学习的欲望。主动学习与被动学习之间的效果，差的不是一点点。妈妈要鼓励女儿培养学习的兴趣。

2. 自信。对自己自信的女孩才会有一种不服输的劲头，才会在困难重重中不断挑战自我，获得成功。妈妈要注意不断鼓励女儿，培养她对自己的自信。

3. 态度。学习态度对于成绩的好坏几乎是起决定性的作用，只有让女儿把态度摆正，真正意识到学习是自己的事情，而不是敷衍父母和老师，才能达到理想的效果。

4. 努力。对于女孩子来说，最重要的是打好基础，用细心与踏实弥补逻辑思维的缺口；多做练习并且经常复习，最好能举一反三，发散自己的思维。这两点需要妈妈多多提点。

5. 休息。劳逸结合永远是学习的正确方法，如果女儿老把自己绷在学不好数理化的那根弦上，是没有办法有进步的。因此，在女儿遇到困难的时候，不如让她放开心胸，让大脑放松，再投入题海的时候，也许解题的灵感就来了。

55. 女儿是否患上了学习强迫症

“学习强迫症”是一个很容易被家长们忽视的问题，甚至很多家长根本不知道这个病症，将孩子的一些反常行为看做是偶尔的偏激与情绪的发泄。很多心理上的问题，如果不能及时得到有效解决，对于孩子的未来来说就是一颗定时炸弹。

那么，怎么样才能知道女儿是不是患上学习强迫症了呢？

媛媛正读高一下学期，平时读书很努力，成绩也一直很好。但是最近，妈妈发现女儿有一些很奇怪的言行。比如女儿做作业的效率大大降低，有时候会听到女儿一个人自言自语式的“提问”，比如为什么这道题要用这个公式而不是别的公式，公式是怎么证明出来的，为什么这样写是对的那样写就错了呢？这种强迫性的行为严重影响了女儿的平时学习，而且越来越严重，最终导致她无法参加期末考试。

到目前为止，对于学习强迫症并没有一个具体的定义。那么，我们先从“强迫”说起。一般有强迫症的孩子，都会有以下的表现。

表现一：强迫怀疑。这在学习上可能表现为：做作业或考试时，已经做到后面了会忽然回到前面的某道题去反复检查、思考，仿佛思维被卡在那道坎上，根本跨不过去。

表现二：强迫思考。这在孩子身上可能表现为她对生活中一些事情反复思考，明明毫无意义的事也要去追根溯源，并且她自己无法控制这种经常纠缠在一起的思维。想着想着就容易钻牛角尖，根本无法摆脱。

表现三：强迫联想。可能孩子在上课或者写作业时，因为某一件事而自然联想到另外一件事，并且这种联想就好像是会自己生根发芽的藤蔓，不断地缠绕在内心深处，越不让自己想就越是要想。有些孩子甚至在考试的时候，脑袋里会不自觉地跑出来一句话或一首歌，然后自动循环播放，停不下来，分散了注意力。

表现四：强迫行为。很多孩子会不断给自己施压，强迫自己无时无刻地学习，并且一旦浪费了学习时间就会自责内疚很久，觉得自己不学习就是对不起父母。她常常会有一些无意识且毫无意义的行动，有时候也许意识到了，却还是无法让自己停下手来，如果不将行动完成，她就会觉得有什么事没做，一整天心神不宁。

其实，如果妈妈发现女儿有学习强迫症也不需要太担心，这并不是什么很严重的疾病。妈妈要做的是及时发现问题，找出强迫症的具体原因，然后对症下药，通过一些正确的方法慢慢改善孩子的情况。

妈妈贴士：

如果你发现女儿在学习上已经有了“强迫”的趋势，那么这个时候不要急着带她去看心理医生，否则会给她造成更大的压力甚至崩溃，因为很多孩子无法承受自己的心理出现了问题的事实。如果女儿的症状并不是很严重，妈妈可以从平时生活中入手，找出原因，对症下药。

1. 有强迫症的孩子大多安静，爱思考。这个时候，妈妈可以尽量鼓励孩子走出家门，接触外面的世界，参加各种文艺活动，以此扩展生活领域，培养更多的爱好，转移这种聚焦式的强迫。

2. 孩子会有强迫症，和家庭教育有着分不开的关系。也许是家里平时管得太严，孩子言行上也许不会反抗，但心里会默默记住这种情绪，不断地回想，最终导致强迫性的重复。

3. 这和学习压力也有关系，妈妈平时给女儿太多学习上的压力，导致孩子的精神高度紧张，一遇到和学习有关的事就无法放开心胸，不断担心退步了该怎么办这种问题。这就需要妈妈平常多关心女儿，缓解孩子学习上的压力。

56. 如何应对青春期女儿的厌学情绪

学习从来都不是一件简单的事，“十年寒窗苦”也是现代很多孩子的真实写照。更有些小孩从上小学开始就不断地报各种补习班，将所有课余时间排得满满的。这种情绪的压抑一直堆砌在孩子心里，总有一天会突然爆发，化为“厌学”的情绪。

郑女士发现女儿最近很浮躁，每次看书本情绪就不大对劲，有一次她看到女儿在房间里把作业本往墙上扔，过了一会儿情绪平复了，又捡回来继续做作业。郑女士很担心，女儿最近的作业错误率很高，字也没以前写得好看了，有一种敷衍了事的感觉。于是她和老师沟通了一下发现，女儿的种种行为都表明她在厌学。上课不愿意听讲，回家不愿意写作业看书。女儿已经把学习当成一件极度厌烦的事情来看待，根本提不起精神学习。郑女士觉得应该和女儿谈谈，但又找不到合适的机会。

从心理学角度来说，学生厌学是一种典型的心理疲倦反应，主要表现为学生对学习的认识存在偏差，情感上消极对待学习，行为上主动远离学习。

这个年纪的女孩厌学的原因是多种多样的。

第一，从家庭这个大环境来看。妈妈是女儿的“第一任家庭教师”，在女儿的教育问题上，有些妈妈总用自己的看法简单对待，要不就是管得过于严格，要不就是放任自流。一些妈妈平时在家里没有给女儿树立一个好的榜样，让她形成了“读书无用”的观念。一个家庭如果不能形成读书的氛围，孩子就会在潜移默化中受到影响，很有可能厌恶学习。

第二，从女儿自身来看。这个阶段的女孩都是骄傲的，她们小学时多是老师的宠儿，而中学的学习压力和精神负担使她们难以承受，久而久之就很容易对学习产生厌烦情绪。一些妈妈把自己没有实现的梦想加到女儿身上，“望女成凤”的心态使得多数妈妈对女儿要求过高，不准看电视，不准玩游戏，只能看书。女儿本来在学校里就背负着过重的学习任务，如果在家里也不能放松还要时刻保持高度紧张的话，就很容易将一切原因归结在学习上，从此厌恶学习。

面对女儿厌学的情况，妈妈打骂是无济于事的，这个时候需要的是自我反问，可以从以下几个问题入手。

问题一：孩子有学习动力吗？

厌学的重要原因之一便是学习动机的缺失。没有学习动机的孩子常常处于被动状态，认为学习是一件父母强加在自己身上的苦差事，学习只是为了父母罢了。

问题二：孩子存在“恨其师，厌其道”的心理吗？

有些孩子不喜欢自己的任课老师，于是这种消极情感就发生了转移。

特别是骄傲又爱面子的女孩，如果被老师批评过，很可能从此厌恶这门课程。

问题三：孩子是“物极必反”的牺牲品吗?

这就是我们说过的，过高的期望值所带来的逆反心理。孩子会觉得，反正也达不到要求，干脆什么都不做，放弃好了。

当我们了解了孩子的心理后，才有可能对症下药，找出解决的方法。总之，理性才能解决矛盾。

妈妈贴士：

面对女儿的厌学情况，妈妈可以采取以下方式，帮助女儿调整情绪。

1. 激发女儿的学习兴趣。没有了学习兴趣，久而久之就会走向厌学。这个时候，可通过寓教于乐的方式，提高女儿的学习兴趣。

2. 培养女儿的学习习惯。“习惯成自然”，如果孩子在学习上树立了责任感和独立性，那么就可以很自然地在枯燥的学习中坚持下去。

3. 确立正确的学习方法。这里要注意的是，要合理安排学习时间和游戏时间，以质取胜才是上策。

4. 夸奖女儿学习有进步。不管妈妈平时有多忙，一定要帮女儿比较一下她最近的学习状况，有了进步要及时夸奖，进步不明显就鼓励她要继续努力。

57. 作弊，让女儿上瘾

你观察过女儿在学习考试中有作弊的行为吗？有些妈妈发现自己女儿在考试中常常作弊，她不知道该如何对女儿说，如果严厉批评，担心伤了女儿的自尊心；如果委婉地提醒，又怕女儿听不进去。到底怎样才能让女儿正视这个问题呢？

"女儿平时做作业老是爱投机取巧，不是在文章中间少写一个词，就是把一句话缩得不成样子再写，连一个标点符号她都想偷懒。考试也总是抱着侥幸心理，喜欢带小纸条等。每次考试之前还喜欢巴结学习成绩好的同学，让他们考试时'照顾照顾'自己。我们劝过她多次，每次她都口头上答应不再犯此类错误，但下次考试时却又故伎重演，怎么办啊？"

我们很容易知道女儿作弊的最终目的，最直接的原因就是为了获得一个好的成绩，但导致女儿考试作弊行为还有很多原因是妈妈察觉不到的，而且这些原因可能是导致女儿喜欢考试作弊的主要原因。

孩子考试作弊的原因多有以下几个方面。

第一，虚荣心过强。有的孩子平时不肯下工夫去学习，怕吃苦，但看到别的同学取得好成绩，又很羡慕。这种虚荣心理很可能致使其作弊。

第二，侥幸心理所致。有的孩子看到别人考试作弊取得了好成绩，又没有被老师发现，就觉得作弊这种方法是一个轻易取得好成绩的捷径，这种侥幸心理驱使孩子在考试时偷看书本，或抄别的同学的考卷。

第三，为了获得物质奖励。许多妈妈都对女儿实行物质奖励，来调动孩子的学习积极性。可是有的孩子对这种学习动力理解错误，妈妈的引导也出现偏移，孩子只是单纯为了获得物质奖励而作弊。

第四，害怕自己考不到父母规定的成绩。这种心理多发生在好学生身上，父母期望过高、要求严格，导致女儿压力很大，不得不采取作弊的方法。

妈妈贴士：

针对女儿考试作弊这个问题，妈妈又该如何去做，才能使女儿不再作弊呢?

1. 首先，妈妈应该对自己的教育方式进行反思，不要出于功利思想对女儿提出过于苛刻的考分要求，从而给女儿的心理造成太大的压力，扭曲女儿的人格。

2. 其次，教育女儿正确看待分数。一些妈妈把分数作为评价孩子、奖惩孩子的标准，孩子分数高家长就给予赞扬和奖励，分数低就批评、责骂孩子。把分数作为评价孩子综合能力的唯一标准，如果因为孩子多考了几分就欢天喜地，少考了几分就唉声叹气，势必会将孩子引入分数误区。

3. 最后，纠正女儿对考试的错误认识。告诉女儿考试只是测验学生掌握知识的一种手段，而不是划分“等级”的方法，更不是判断一个学生好坏的唯一标准。让女儿知道学生参加考试是为了对自己的学习效果有一个更清楚的认识，明白自己在哪些方面还没有学好，从而查漏补缺，完善学习过程，要正确认识考试，培养良好的学习习惯。

58. 敏感的女孩经不起批评

孩子在成长的过程中，多多少少都会犯一些错。这个时候，妈妈都会有这个担心，如何批评女儿。女孩的心都是漂亮易碎的水晶，批评得重了怕伤害孩子，造成母女间感情的隔阂；批评得轻了，又起不到教育的作用。

邓妈妈一直有一个苦恼，她和周围的一些家长交流时常常会提到，“我家女儿太脆弱，我一批评她或说她做得不对，她就哭个不停，弄得我都不敢批评她了”。还有的家长说道：“每次对女儿严厉管教之后，她都会变得沉默寡言、郁郁寡欢，她甚至还曾边哭边问我‘妈妈，我还是不是你的乖女儿了？’弄得我不知所措。”类似的对话还有很多。

其实，这是每个妈妈都会遇到的苦恼，在生活中，一些善意的规劝与批评往往都会被青春期敏感的女孩误解。这是因为：一方面此时她们的成熟意识不断增强，渴望以独立的姿态被尊重；另一方面经济上却无法独立，社会地位得不到承认。这二者的矛盾越发冲击了女儿敏感的神经。

这个问题是不可避免且必须要面对的。要从根本上解决对女儿的批评难问题，妈妈要在日常生活中注重培养孩子的抗挫折能力。温室里的花朵永远不是女儿最好的姿态，抗挫折能力是每个现代人应有的社会素质。这就需要以沟通为平台，从小培养，坚持“赏识教育”和“批评教育”并存。对于女儿有意违反规矩的行为，还是要适当的批评，这样才能使女儿更快地吸取教训，更好地成长。

当然，批评是要讲究方法与技巧的，并不是“鞭子式”的严厉批评才能达到最好效果。比如口气一定要放缓，态度不要过于强硬。我们始终认为平等的沟通才是一切情感交流的基础，如果妈妈能拿捏好其中的度，相信对女儿是有百利而无一害的。

妈妈贴士：

那么，如果女儿做错了事情，妈妈该如何处理才是正确的呢？

1. 用爱感化。让女儿行事正确的唯一理由就是父母的爱，因此妈妈在批评女儿过后，不要忘记告诉孩子：“爸爸妈妈永远爱你。”

2. 赏罚分明。我们强调，批评只是一种教育手段而不是最终目的。赏罚分明才能为女儿树立一个正确的行为准则，让她明白为人处世的道理。

59. 被考试伤了自尊心的女儿

从小学到大学，考试总是如影随形。每一次的成绩都能带动人的情绪起伏，中国的现代教育中有一个理念，考试成绩和孩子的智商是成正比的。因此，当女儿拿回一张成绩不佳的考卷时，往往情绪低落，愁眉苦脸，心理承受能力弱的弄不好从此厌学逃课，一蹶不振。

小云是重点高中尖子班的女生，初中的时候她一直是年级第一，被无数的同学所仰视。进了高中她发现，尖子班里高手如云，一直靠刻苦勤学的自己没有一点优势，往往是人家比自己还刻苦。更让人无法接受的是，班里的男生个个都很聪明，课上老师一道题刚出完，小云还在思考的时候，就有男生叫出来“做完了”。每次考试，小云的综合排名总是靠后，这让她很沮丧，每次路过排名板时她都习惯性地低着头，觉得那是一件很丢脸的事。从此以后，她不敢在学校里用功，怕别人说“那么用功还考那么差，太笨了吧”这种话，只能装作自己也不用功的样子，以此来保住自己那一点点的自尊心。

小云的情况就是典型的被考试伤了自尊心，到最后连自己原本能学好的功课也因为自尊心和自信心受挫而荒废。其实，每一个走出去见了世面，知道“强中自有强中手”的孩子都会有这种心理落差，区别就在于有些人化失落为动力，督促自己更加努力地学习；还有的则像小云这样，自暴自弃。

面对这个问题，小云妈妈要做的就是帮她重新找回失落的自信。比如，让孩子多想想过去成功的事情，努力找回过去的成就感，再次体会到对学习的兴趣；又或者多陪女儿出去散散心，把堆积在心里的烦恼失落统统发泄出来，然后趁热打铁告诉她："只要继续努力学习，你不会比任何一个人差。"

关于学习的事，妈妈也应该开导女儿。首先，学习成绩的一时好坏并不能代表什么，重要的是女儿能不能一直坚持，并且笑到最后。其次，如果女儿实在压力太大，把成绩的得失看得很重，妈妈可以告诉女儿，学习只是人生的一个阶段历程，未来还有很多美好的事物，需要用宽广的胸怀去接纳，不要太计较一时半刻的得失。最后，当然是要把女儿好好夸一遍，让她相信自己很优秀。

当女儿对自己越来越自信的时候，她被打击的自尊心自然就修补好了，并且比以前要坚固很多。那个时候，女儿就有足够的信心面对以后无论平坦还是坎坷的人生，而此时的经历也成了人生道路上不可多得的回忆。

妈妈贴士：

自信心与自尊心对于女孩而言尤其重要，特别是在这个女性与男性的社会地位并不完全平等的时代，作为一个女孩必须对自己充满自信，好好守护自己的自尊心。自尊心的培养是个漫长的过程，需要妈妈从女儿小的时候开始做起。

1. 让女儿意识到自己的能力。比如女儿做了一件事认为自己应该被奖励，妈妈不要吝啬表扬；平时多关注孩子各方面的能力，挖掘她的天赋并且积极培养。

2. 不要总当着孩子的面夸别人的孩子好，这会打击到孩子的自尊心。如果连自己的妈妈都不认为自己优秀，还有谁肯承认自己呢？

60. 羞涩女孩不爱提问

青春期的女孩大多是羞涩而腼腆的，她们是老师眼中的乖学生，妈妈眼里的乖小孩。但是，很多时候，老师们都恨不得这些乖乖女能偶尔调皮活泼一次。

顾妈妈的女儿今年读初一，从开学到现在，每次测验都不是很理想。原来女儿一直都很内向，小时候遇到什么不明白的问题可以问爸爸妈妈，但是现在教育改革那么快，孩子上了初中以后，顾妈妈就明显感到有些吃力了。毕竟那都是很多年以前的知识，现在的题目也出得奇奇怪怪。顾妈妈常和女儿说，有不明白的要在学校问老师。可是女儿总是没有勇气去找老师，连课堂上的提问都很少回答。

这个阶段的孩子，思维还没有发育完全，对于很多学习上的问题都处在一知半解的状态下，如果不能勇敢地提出自己不懂的问题，那么那些问题就会在心里变成一个雪球，然后越滚越大，最终在学习上寸步难行，成绩自然一落千丈。

其实，以上种种都是由女孩的羞涩造成的。要想改变这种现象，需要老师和家长的共同努力。

从老师方面来说，平时应该更加亲和一些，多和学生打交道，不要树立一种高高在上的严师形象。这就需要妈妈和老师多进行沟通，将女儿的情况反馈给老师。

从妈妈方面来说，如果女儿日常生活中太过害羞胆小，就需要鼓励她多和同龄的孩子交往玩耍。可以经常请女儿的同学回来玩，教导女儿和人相处的技巧，让她从内向中走出来，变成一个合群的孩子。当然，平时还要注意培养她问问题的好习惯，并且不断告诉她，老师喜欢问问题的学生，鼓励她自己迈出那一步。

妈妈贴士：

"好习惯，益终身"，问问题就是一个对孩子成长非常重要的习惯。只有会问问题的人，才懂得如何去思考。妈妈要注重培养女儿日常生活中问问题的习惯。

1. 妈妈可以先做一个榜样。从孩子小时候开始，多和她聊天，然后问她一些简单的问题，指引她形成求知的欲望，培养她对未知事物的兴趣。

2. 孩子在成长的过程中，总会有许多奇奇怪怪的问题，这个时候妈妈不可以因为问题荒谬而敷衍了事，一定要认真回答孩子的问题，让她知道问问题是可以解除疑惑的。

3. 一些女孩子上学后，不管平时在家里多么活泼，到了学校都会有些害羞腼腆。这个时候妈妈要经常鼓励孩子一旦遇到实在搞不懂的题目就要去问老师，不要羞涩。妈妈的经常鼓励自然可以带动孩子的信心。

61. 爱上漂亮，冷落了学习

青春期的女孩处在生理、心理的快速发展时期，生理上出现的许多变化带来了心理的变化。女儿发现自己的身体正在慢慢成熟，仿佛自己已经是一个拥有独立意识和人格的大人。随着这种心理变化的发展，她开始较为强烈地关注自己的相貌、身材以及穿着打扮等问题。很多女孩，就是爱上了漂亮，而冷落了学习。

最近一次考试，女儿琳琳只是刚刚及格。这让琳琳的妈妈大为惊讶，小时候女儿的成绩一直名列前茅，可上了初中以后，女儿的成绩开始一落千丈。妈妈与琳琳谈了几次都没有结果。琳琳妈妈发现，女儿每天早上起床后光是照镜子就花了20多分钟，梳梳头发弄弄衣服，再去学校就肯定是迟到了。放学回家后，边做作业，边照镜子，有时候盯着镜子发呆，作业也忘了写。平时有时间也不看书，就喜欢弄自己的头发，在镜子面前一坐就是几个小时，乐此不疲。这让琳琳的妈妈很是担心，女儿爱漂亮而冷落学习，这可怎么是好呀？

很多妈妈一定都遇到了和琳琳妈妈一样的问题，随着年龄的增长，女儿对自己相貌上的关注越来越多，虽说“爱美是女人的天性”没错，但这个年龄段的女孩最重要的任务应该是学习。少年时代是学习的黄金时期，错过了将是后悔一生的事情。可女儿偏偏无法理解妈妈的苦心，将学习打入“冷宫”，只知道喊着“我的青春我做主”这种口号。

其实，妈妈面对女儿的行为不可以采用太过激进的手段，打骂是不会起任何效果的，反倒会引起这个年龄段女孩的强烈反叛意识。所以，我们建议采用温和的引导方式，来帮女儿把爱漂亮与学习的天平摆正。

首先，妈妈要及时发觉女儿青春期生理和心理上产生的变化，摆正自己的心态，用积极的态度接受这种难以理解的改变。

其次，妈妈应该设身处地地理解女儿爱漂亮的行为，这是一种几乎出于本能的行为，任何想要阻止打断的粗暴行为，都不利于女儿的身心健康发展。应该多和女儿进行沟通，了解她的看法，适时引导女儿对审美的需求。

最后，就是在沟通中和女儿一起描绘一幅关于未来的蓝图，并且让她明白未来是需要从现在开始一步一步走好的。这一点可以从两个方面入手：第一点，是要让女儿明白其中的因果关系，只有学习好了，以后才有能力买更多自己喜欢的东西来打扮自己，让自己更加美丽；第二点，是要为女儿树立一个人生目标。是满足于现在低层次的漂亮，还是拥有高品质的美丽，我想聪明的女儿都会有自己的想法，从而将关键引导到学习上去。

总而言之，爱美并不是过错，错误的是妈妈没有及时地将女儿引回正确的道路上。

妈妈贴士：

女儿开始爱美，妈妈总会不自觉地联想到“早恋”的问题上去，其实妈妈不要急着怀疑女儿，给她乱扣帽子。这个年纪的女孩想靠外表吸引异性只是一种单纯而朦胧的本能，并不意味着真的发生了什么。其实，如果能善加利用这种爱美心理，也许会有意想不到的收获。

1. 建议妈妈以几个才貌兼备的女性为例子，为孩子树立一个正确的形象，让她形成一种真正美丽的女性也注重内在修养的观念，鼓励她朝着既定目标努力。

2. 女儿注重自己的形象是一件好事，关键在于妈妈能不能帮女儿形成一种正确高雅的审美观，而不是低俗的品位。外表的出众会增加女儿的自信，让她更有动力学习。

3. 如果女儿已经认识到自己的过度爱美不对，却无法靠自己的意志力改正，这个时候妈妈可以和女儿一起努力。比如不要把镜子摆放在书桌附近，多陪女儿一起参加活动或者做运动，分散女儿对外表的注意力等。

62. 早恋就必然会影响学习吗

在青春期性成熟的过程中，男生女生之间会出现一种过度亲密的互相接近，我们一般称之为早恋，现在则叫做“交往过密”。

青春期的孩子各方面发育还不成熟，特别是感性的女孩，她无法准确地掌控自己的情感，一旦被异性吸引后就很容易变得多愁善感、抑郁惆怅。于是，父母就开始胆战心惊如履薄冰，就怕自己的女儿因为有了情感烦恼而影响了学习。甚至有的父母为了防止这种情况的出现，采取各种方法防止女儿早恋。但往往有些妈妈采取的方法是极端的，把自己的担心过于明显地表现出来，反倒给孩子造成逆反心理。

赵妈妈的女儿即将升入初三，学习成绩一直名列前茅，人还长得漂亮可爱，和班上同学也相处得很不错，经常三五成群地聚在一起讨论学习方面的问题，其中不乏一些男同学。赵妈妈怕女儿日久生情，陷入早恋，于是制定了一系列措施。比如禁止男生来家里玩、偷看女儿的日记、对每一份男生送的生日礼物都要拆开来检查，哪怕是男生打了一个电话过来都要仔细盘问，大有不把户口摸清不罢休的架势。更让女儿苦恼的是，平时母女俩聊天的时候，妈妈总要不经意提到恋爱的话题，以此来打探女儿的口风，女儿实在是难以忍受，导致整个初三心情烦躁焦虑，成绩一落千丈。

赵妈妈在这里最大的过错就是用成人庸俗的观念，把女儿原本正常的行为恶俗化了，人为地制造孩子的罪恶感，客观上把女儿推到了原本正确道路的对岸。

早恋是否必然会影响学习？对于这个问题父母和孩子各执一词。下面我们来分析一下，早恋对于学习到底有没有影响？如果有，又有哪些影响呢？

首先，这个阶段的孩子正处于青春发育期，从心理或思想上说都属于尚未成熟的成长期。她们思想敏锐、求知欲强、记忆力好，正是增长知识、开发智力的黄金时期。早恋常会占去不少学习时间，使其精力分散，影响学习和进步。

其次，早恋孩子的思想和情绪处于波动的状态。由于心里时常记挂着对方而又不能在想见的时候立马见到对方，这时候孩子的情绪就会不稳定、好冲动、自控能力差，易产生各种影响身体健康的不良情绪并由此引发一系列身体不适。久而久之，有可能会出现消化道病症、低血糖等症状。这样，不仅影响了学习，还波及了生活。

最后，早恋是一个既充满欢喜又充满苦闷的过程。由于对对方的爱恋，一方常常因为对方的苛刻要求而造成情绪变化；也因为早恋而遭到父母、同学、老师的压力，造成心理失衡；当不能与恋人见面时，又会常常坐卧不安而沉迷于幻想，在幻想中祈求慰藉。如果这种心理发展过深，少部分人会抑制不住自己的情绪而与异性发生性关系，这会造成孩子严重的心理扭曲。影响现阶段的学习不说，甚至直接影响到了未来的前途。

当然，关于“早恋”影响学习的例子还有很多，归根结底就是“一心多用”。这个时候，妈妈一定要好好处理女儿早恋的问题，不要让这短暂的迷惑影响了孩子的前途。

妈妈贴士：

如果你的女儿因为早恋而影响了学习，妈妈千万不要把事情闹大。一些激进的家长会跑到男方家中甚至学校大吵大闹，弄得女儿很尴尬，甚至无颜再去学校，直接地影响了母女的感情。那么，作为一位贴心的、成功的妈妈，又该怎么做呢？

1. 肯定孩子，告诉女儿，在你这个年龄对异性产生好感这很正常，看来你心理发展和生理发育是同步的，很健康。另外，有男孩子喜欢你，说明你是个可爱的女孩；你对别的男孩有好感，说明你也是个懂得欣赏他人的人。

2. 告诉女儿，初中生对异性产生好感，这才是刚刚开始，你作为一个可爱的女孩子，将来会遇到很多欣赏你的人，对他们，我们都要心存感激；同时，你也会遇到许多值得我们欣赏的男孩子，他们每个人身上都有不同的优点。

3. 告诉女儿，一个人只有自身可爱，才值得别人去欣赏。如果一个同学学习不好，气质平平，能力一般，凭什么让别人欣赏他（她）。对于中学生来说，最重要的是学习，气质与能力都是在学识的基础上产生的。只有好好学习，才能越来越可爱，得到别人的欣赏，同时自己也才能慢慢学会欣赏别人。

63. 不要让学习成为女儿的负担

不知道妈妈有没有看过这样一幅漫画：一个身材瘦小的孩子被过重的书包压倒在地，而身后的父母没有觉察到孩子的状况，还在不断地往书包里塞书本……我们不得不正视这个问题，过重的学习压力已经成为了很多孩子的负担。特别是对很多女孩而言，这样一种精神上的压力已经大大超过她们所能负荷的限度。

小蕾今年刚上初一，但小小年纪的她已经戴上了度数过高的眼镜。原来妈妈对小蕾的要求很严格，每天除了要完成学校老师布置的作业外，还必须做家庭老师给的额外作业。周末的时候，很多同学都在外面玩耍，而她却要提前上初二的课。青春期本是女孩快速长高的时候，可过重的书包却阻碍了小蕾的健康成长。这个年纪的女孩的脸色是自然红润的，可小蕾的脸上只有熬夜留下的痘痘和过重的黑眼圈。她明显感到自己快要被学习压得喘不过气来了，但乖巧的她无法对妈妈说出“不”。

妈妈请记住，不要让学习成为女儿的负担。

青春期是人一生中最美好的时段，不仅是学习的最佳时期，也是培养性格的黄金阶段。这个时期的孩子，应该是笑得最开心，活得最快乐的。她从懵懂的童年走过，对现实的社会尚且没有全面的认知。在她的眼中，这个世界的一切都是美好且值得体验的。

你的女儿，也许就是阳光下最灿烂的那朵花，在美丽地盛开着。但是，过重的学业压垮了她脆弱的茎枝，摧残了还没来得及绽放的花苞。

是的，这个阶段的孩子是需要将注意力放在学习上的，“少壮不努力，老大徒伤悲”教育着一代又一代的我们，但这个阶段的孩子也是需要快乐的。给孩子一个完满的人生是每个妈妈的心愿，即便如此也请不要用过重的书包打破她对未来的希望与畅想，不要让学习成为女儿挥之不去的噩梦。

妈妈应该用温暖的手为孩子卸下过重的负担，让她可以迈着轻快的步伐走向以后的人生。

妈妈贴士：

其实，学习本身并不是沉重的，如果妈妈能帮助孩子找到学习的窍门，让她觉得学习的路上非常顺利，那么孩子的学业与健康自然就不会发生冲突。

1. 让女儿觉得学习是件轻松的事情。比如在挑选书籍的时候尽量选择字大一些的，蝇头小字不论是谁看起来都费劲；课外练习册要尽可能的薄，以免女儿望而却步；在女儿的书桌上制作一个每日计划表，不要忘记劳逸结合，给她放松的时间；女儿做得好的练习要放在显眼的地方，增加她的成就感。

2. 教女儿一些简单的学习方法。比如学习的时候不要长时间对着同一门功课，最好半小时就换一门；不要贪多，应该每做一部分练习就停下来回想一下，以加深印象；饭后不要马上学习，可以让她在一旁休息一下，听听音乐也可以。

3. 帮助女儿提高学习效率。这可以从事先准备着手，比如学习的工具要放好，不要等到需要的时候又急忙去找。学习的时候要从喜欢的功课开始。

第七章　让“代沟”在青春期填平
——应对与青春期女儿的沟通问题

这个世界变化太快，大人总觉得自己的思维跟不上孩子的脚步。女儿还小的时候，她喜欢把学校里发生的事在饭桌上一一道来，但不知道从什么时候开始，饭桌上永远只剩找不到话题的母女。我们总说母女之间缺乏沟通，可到底如何沟通，这困扰了许许多多白发早生的母亲。将“代沟”在青春期填平，需要妈妈学会与青春期女儿沟通的方法。

64. 了解女儿从沟通开始

人类有了语言，于是学会了沟通。“沟通是信任的开始”，不熟悉的人通过沟通从而互相了解，而最亲密的人同样需要沟通。

妈妈的确是最了解女儿的人，但随着女儿青春期的到来，她一天天融入这个社会生活，心里也拥有了属于自己的意识与情感。

如果母女之间缺乏沟通，就很容易陷入“最亲密的陌生人”这种困境。这既伤害了妈妈与女儿的感情，也不利于女儿青春期的成长发育。因此，要想了解你像精灵一般变幻莫测的女儿，就要从沟通开始。

女儿上了初中之后，李妈妈最常听到的一句话就从“妈妈，你真了解我”变成了“妈妈，你根本不懂我”。李妈妈第一次听到女儿喊出这句话时，震惊多过了愤怒。冷静之后，女儿最喜欢吃的东西已经不是小时候的果冻酸奶，女儿最喜欢的衣服不是小时候最喜欢的粉红蝴蝶结裙子，女儿最喜欢的明星是谁，女儿最喜欢的歌是哪首。这一切的无知都让李妈妈恐惧，她开始反思自我，发现近几年为了赚钱，对女儿真的忽视太多。从什么时候起，饭后的活动从陪女儿散步聊天变成了打麻将，一家人很少像以前那样坐在一起看电视聊天。沟通的缺乏在女儿与自己之间筑起了一道高墙。

很多妈妈意识到了与女儿沟通的重要性，却一直找不到合适的沟通方式。如何走进女儿日益封闭的内心，如何用语言架起两人沟通的桥梁，这一切的一切都是亟须解决的问题。出现沟通危机，更多的应该从妈妈方面找原因。问问自己在沟通方面是否掌握了一定的技巧，是否清楚地知道孩子的心理。

首先，妈妈在沟通时说话要简短、扼要。这个年纪的女孩最反感长篇大论说教式的教育，这让她觉得压抑，没有话语权。注意给女儿说话的机会，保持对话的形式，是沟通的首要技巧。

其次，妈妈要记得沟通不是训话。沟通要保持友好、尊重的原则，不要轻易粗暴地打断孩子的话，让她对这次沟通产生反感。

再次，妈妈要让孩子了解自己。在沟通中，妈妈只有表露了自己内心中最真实甚至最脆弱的想法，孩子才会向你开启她的内心世界，两人在互相倾诉的基础上才能更进一步的交流。

最后，妈妈要注意谈话的气氛。要适当的活跃和幽默，这样既防止沟通沉闷，让气氛变得轻松愉快，也让女儿觉得和妈妈沟通是一件快乐的事情。

还需要注意，沟通并不是随时随地都可以进行的。一要注意适当的时间，即在双方都有谈话欲望的时候；二要注意恰当的地点，吵闹的环境绝对不适合郑重其事的沟通。

妈妈贴士：

沟通需要基础，沟通也不是“三天打鱼，两天晒网”的事，它需要的是平时的积累，在日常生活中注意自己的言行。

1. 注意交流的语气。女孩希望从妈妈那里听到什么样的语气呢？信任、尊重、商量、赞赏、鼓励是其中最为关键的五要素。

2. 注重表扬的方式，不要吝啬表扬。表扬要及时、具体，表扬不能只看结果不重过程。

65. 成为女儿的闺蜜，多和她说悄悄话

交流上的困难与沟通方式的贫乏造成父母教育的失败。沟通虽然是较为有效的交流方法，但它需要一个较为正式的平台。而这种平台构建的难度注定我们需要用另一种更为简单、更为有效的办法。比如，成为女儿的闺蜜，和她说说悄悄话。

陈妈妈说，每次看到女儿打电话时神采飞扬的样子就觉得很别扭，为什么每次女儿和同学有那么多话说，面对自己却是一句话也没有。哪怕是平时的聊天，女儿也是有一搭没一搭，上句不接下句的，好像在敷衍自己。自己平时也的确很忙，没有时间和孩子好好沟通，有时候在餐桌上想利用那十几分钟的时间聊聊天，却总是找不到合适的话题。她发现，自己根本不知道女儿对什么感兴趣。

这就像是一个怪圈：没有时间——很少聊天——缺少交谈——不了解女儿——想要了解女儿——找不到合适时间——缺少交谈话题——更少聊天——还是不了解女儿。

如果你和你的女儿已经陷入这种无限循环的怪圈，那么成为女儿的闺蜜也许是打破这个怪圈最有效的办法。

第一步，成为女儿的闺蜜。这就需要妈妈多下工夫了，现在的少年总是喜欢一些奇奇怪怪的、大人很难理解的东西，一些父母会选择嘲讽与反对，他们并不会站在女儿的角度去思考。那么，要想和女儿亲密无间，一开始就需要妈妈深入了解她所喜欢的人和事，发掘其中吸引女儿的地方，一来对女儿的喜好有了一定了解，二来也为将来的聊天找到了最好的话题。

第二步，经常聊天。聊天是人类进行思想交流的工具，也是父母在潜移默化中进行教育的方式。这既可以培养孩子完整、有逻辑地描述事情的习惯，也可以提高孩子的语言表达能力。

在聊天的过程中，要记住“平等、亲切、真诚、爱护”这四大原则。让女儿将妈妈当成可以充分信任的朋友。

第三步，私密的悄悄话。这个悄悄话要以孩子的喜好为中心。最好是女儿平时很少提及或者羞于提及的话题。为了让女儿主动敞开心扉，妈妈可以用轻松甚至开玩笑的话开头，然后逐渐深入。当然，悄悄话的前提是建立在女儿已经把你当成闺蜜、充分信任你的基础之上。

妈妈贴士：

巨大的代沟让母女之间的话题存在很大的差异性，想要一下子了解女儿，让很多妈妈觉得千头万绪，找不到切入口。这个时候，建议从以下几个方面入手。

1. 明星。每个女孩对明星都有一种天生的向往。如果你的女儿喜欢某个男明星，这说明那个男明星的身上有她喜欢男孩的特质；如果你的女儿喜欢某个女明星，这表明她欣赏那种女性，并且渴望拥有那样的美丽。

2. 服饰。每个女孩都喜欢美丽光鲜的东西，这表现在她对衣服和首饰的喜爱之中。每个女孩都有自己喜欢的穿衣风格，妈妈不妨在与女儿逛街的时候，聊聊她的喜好。

3. 成长趣事。每个女孩对自己所不知道的成长历程都有着浓厚的兴趣，妈妈可以通过讲一些女儿小时候发生的有趣的事，以此引起女儿的好奇心，在这个交谈的过程中，既起到了解女儿的作用，也通过美好的回忆，加深了母女之间的感情。

66. 走进孩子世界，做一个时尚辣妈

没有一个妈妈愿意在心灵上离孩子越来越远，但现实总是无力的。很多妈妈会在某一天忽然发现，自己和女儿已经站在了天平的两端，如果女儿不配合，自己很难靠近她。就像心门上了一把锁，妈妈没有办法走进女儿的内心世界。要走进孩子的世界，就需要妈妈做一个时尚辣妈。

王女士这样说道：“那天我和女儿一起去逛街，我看见一条裙子非常好看，想要买给女儿。可是，女儿试穿后既不表示喜欢，也不表示讨厌，只是说随我的意思，我喜欢就好。可是，这裙子是买给女儿的，她不喜欢我买来有什么意义呢？我越来越不懂女儿到底在想什么，她喜欢什么样的裙子，这些我都不清楚。”其实，很多孩子和王女士的女儿一样，认为妈妈和自己的世界是不一样的，既然没法沟通，那就敷衍好了。

很多妈妈认为，给孩子吃饱穿暖，满足她的一切要求就足够了。从来没有关心过，现在的孩子在想什么，她的世界和自己的世界有什么不同。孩子缺乏应有的关爱，又不知道如何与父母沟通，让他们了解自己的内心需求，久而久之，就习惯性地关闭心门，固执地不让妈妈走入心里。

当妈妈意识到，自己和孩子已经越来越陌生而急于弥补的时候，却发现千头万绪，完全无法走入孩子的世界，倾听她的内心。

其实，孩子的世界非常简单。

首先，妈妈记得，父母在孩子的世界里永远是第一位的，不论她表面上多么叛逆，和家长吵得多么凶，但在她的潜意识里，世界上没有任何一个地方比父母的身边更为安全。在她的世界里，家庭永远是最温暖的避风港。

其次，这个年纪的女孩很容易被光怪陆离的世界吸引，她们贪新鲜，对一切都充满好奇，不断尝试新的事物。这就要求妈妈将自己打扮成时尚辣妈，关注孩子所喜欢的事物，无论是明星还是动漫，抑或是服装饰品。

与孩子拥有一样的爱好，这样，才能更容易地走入她的内心。

最后，孩子的世界里还有学习。很多妈妈担心孩子不爱学习，其实女儿比你想象的要懂事，她知道学习的重要性，但对于那些很爱玩，成绩不好的孩子，其实很大一部分原因是教育上的问题，没有用到最恰当的方式，反倒招来逆反心理。所以，妈妈要学会相信孩子，相信她会好好学习，不要用指责和唠叨代替鼓励和关心。

了解了孩子的世界之后，妈妈就可以对症下药，主动出击，争取早日突破防线，进入孩子的世界，成为她最时尚开明的妈妈。

妈妈贴士：

时尚辣妈不是人人都能当的哦，是要具备一定的外部条件和内在因素的！

1. 穿着打扮。外貌不是最重要的，却是不能不注意的。妈妈要注意自己的穿衣风格，不能认为都是当妈妈的人了就可以不用打扮。给女儿树立一个开明的形象，让她觉得自己的妈妈并不是思想顽固、不知变通的人。

2. 思想观念。妈妈要多看一些相关的书籍，了解这个年纪女孩的心理特征，在平时的对话中，了解她的想法，让女儿觉得自己和妈妈是同一个世界里的人。

67. 主动去认识她的朋友

妈妈总会这样教育孩子：“要多和成绩好的同学做朋友，不要和成绩不好的同学玩。”那么，妈妈到底知不知道孩子有哪些朋友呢？

进入青春期的女儿，妈妈发现她有了什么秘密都不再告诉自己，而是选择了周围的朋友。妈妈想要知道孩子的内心世界，却苦无门路，有些家长甚至采取了过于极端的方式，如窥探孩子的隐私或者是天天盘问，反而将女儿推得离自己更远。

其实，妈妈想要了解女儿，完全还有另外一条路可走，那就是主动认识女儿的朋友。

同学们最喜欢去的就是丸丸家里，因为丸丸的妈妈非常亲切，每次大家去玩，她妈妈都会准备很多好吃的东西，而且还会主动和大家一起聊天做游戏，一点也没有长辈的架子。不像班里有些同学的妈妈，看到小朋友到家里玩就冷着一张脸，还有一些人甚至会大发脾气。所以，大家都很喜欢丸丸的妈妈，班里发生了什么有趣的事，丸丸和她们说了什么，她们都很愿意告诉丸丸的妈妈，大家就像朋友一样分享各种秘密。

妈妈一旦主动和孩子的朋友认识，这既能给孩子在班里的人际关系加分，也能更加贴近这个年龄的孩子，清楚地了解她到底在想些什么。

比如，孩子最近有什么不开心的事却不愿意告诉妈妈，这时候妈妈就可以通过她周围的同学得知女儿最近的心事。

除此之外，孩子之间常常有大人插不进去的话题，妈妈多和孩子的朋友接触，知道她喜欢什么，才能以此为切入口，在平时的生活里和孩子有共同的话题，让女儿觉得妈妈并没有离她太远。

当然，妈妈主动认识孩子的朋友，还会在无形中拉近两人之间的距离，让女儿在不知不觉中将妈妈当做可以交流的“同辈”人，久而久之，以前不愿意讲的话可以说出口了。重要的是，愿意和孩子玩在一块的妈妈，会给人亲切可以信任的感觉，这正是很多女儿所渴望的。

妈妈贴士：

怎么样才能和女儿的朋友认识，然后进一步成为朋友呢?

1. 在家里准备好孩子爱吃的东西，当女儿带着同学回来的时候，不要忘记给她们亲切的微笑。等女儿她们在房间里玩了一段时间之后，妈妈就可以带着爱心点心进去了。

2. 妈妈不要急于求成，要明白“慢工出细活”。先给孩子的同学一个初步的印象，然后再通过鼓励，让孩子们到客厅这种不带有隐私性的空间里一起玩游戏。

3. 当孩子走出房间的时候，妈妈就可以参与其中了。最开始先不要急着开口，坐在一边静静地听，等孩子们习惯了你的存在后，再从不那么敏感的话题切入。

4. 要注意的是，妈妈不要在谈话中提及学习或者情感这种太敏感的话题，很容易让孩子感到你是在有意打探隐私。最开始还是从生活中的小事入手，比如从一件衣服或者一部电视剧谈起，这样容易使孩子放下戒心，更加轻松地和你交流。

68. 减少指责，听听她的内心

很多家长习惯性地将“我这个孩子，一点也不争气，学习不努力，做作业也故意拖拖拉拉的，看看别人家的孩子，真是没法比”挂在嘴边。但我们都知道，家长并非真的认为“自己的孩子比不上别人”，而是出于中国人传统的“自谦”心理，正话反说，想通过这些略带“甜蜜”的抱怨来展现对孩子的爱。

遗憾的是，这种隐晦而艰涩的爱并不能为孩子所理解。那么，请妈妈减少指责，多倾听女儿内心的话语吧。

正在上初三的小瑞非常委屈地向老师倾诉，每天她一回家，妈妈的唠叨就没有停过，“你看你最近的成绩，这都是什么分数，你再看看隔壁的芳芳，人家门门功课拔尖，小区里谁不夸啊。你就不能努力点，以别人为榜样吗?”小瑞说，她已经尽了自己最大的努力，而且她的成绩也不差，只是没有芳芳那么好而已。小瑞说她完全不知道要怎么样才能让妈妈满意，似乎妈妈永远只会指责自己，对于她一直以来的努力与进步，妈妈都视而不见。

所以说，即使是最亲密的母女，如果双方都隐藏了自己的内心，也是无法准确理解对方的心意的。很多妈妈喜欢在女儿面前说别人的孩子如何如何好，其目的无非是想激发女儿的上进心，但结果却常常事与愿违。

骄傲的女儿在发现妈妈总是毫不吝啬地将最好的语言给予别人的孩子，却指责自己一无是处时，会表现出明显的抑郁，严重的还会产生厌世情绪。这既影响了孩子的身心健康，同时也有可能对他人产生危害。

其实，没必要总拿自己的孩子去和别人的孩子比较。任何建立在比较基础上的激励效果都是有限的。妈妈应该看到自己女儿的特点，根据她的具体情况酌情考虑，而不应该把她当做别人的复制品。

由此可知，妈妈面对女儿时应该以鼓励为主，让女儿清楚地知道她是妈妈的骄傲。指责式的教育只能破坏母女之间原本融洽的关系，让女儿误以为妈妈并不爱自己，对自己不抱有任何希望。

我们所提倡的永恒主题是鼓励与理解，而不是批评指责。妈妈，多听听女儿的内心世界，对她宽容一些、再宽容一些，不要再做无谓的批评了。

妈妈贴士：

平时生活中，妈妈可能在有意无意中对女儿进行了指责却浑然不知，那么让我们来看看，有哪些是需要注意的吧。

1. 关于身高。每次有同龄的女孩来家里，妈妈都喜欢让两人比比身高，如果女儿个子矮的话，妈妈总会毫不留情地打击女儿。建议妈妈不要拿个子的高矮来刺激女儿。

2. 关于学习。考完试后，妈妈总喜欢对女儿问长问短，比如隔壁的女孩考了多少，却不关心女儿此时的心情如何，须知道考得好需要夸奖，考得差也需要安慰啊。

3. 关于生活。每次女儿想要妈妈买东西给自己的时候，妈妈总会说哪个女孩多么懂事，从来不要求这些。殊不知这种比较让女儿非常反感。

69. 减少命令，避开逆反

你和孩子说话时，是不是常常在不自觉中加入了命令的口吻。比如“去拿盘子过来”、“去做作业”、“去买东西”等等。

妈妈让女儿帮自己做事时用命令的口气，这很容易在不知不觉中和孩子产生隔阂，使孩子产生逆反心理。

前苏联著名的教育专家巴班斯基曾说过：“父母经常用命令的口气对孩子说话，叫孩子做事，会使孩子产生逆反心理，很难收到预期的教育效果。而一直被“命令”的孩子，会缺乏主动性，容易形成懦弱的性格，不利于孩子的成长。”所以，请妈妈减少命令，以此来减弱孩子的逆反心理。

小颖在父母眼里是个不听话的孩子，因为不管父母让她做什么，她总是不听。因此，小颖与妈妈的关系一直都不是很好。有一次，小颖正在写明天要交的毛笔字，妈妈命令她说：“小颖，过来洗碗。”小颖不情愿地回答道：“我在写毛笔字。”妈妈看见小颖没有过来，非常生气，与女儿争吵了几句，再次命令女儿去洗碗。小颖没有办法，只能去洗碗。但从那以后，小颖有好多天都不理妈妈，这使小颖的妈妈意识到自己用命令的口气对孩子说话是不对的，但又不知该如何做才好。

很多妈妈认为，对女儿发号施令是身为父母的权利，命令孩子做事理所当然。

可是，青春期的孩子从单纯地依附父母逐渐成长为一个独立的个体，她们有自己的想法，也有强烈的自尊。女儿希望妈妈能够平等地对待自己，不愿意听到妈妈用命令的口气要自己做什么，更是拒绝强迫行为。

如果妈妈没有意识到孩子的这种心理，就很容易发生双方对抗的行为，其结果只能是两败俱伤，双方的关系越来越僵。

如果妈妈一直用命令的口气与女儿说话，就会压抑孩子独立自主的意识，长此以往，孩子可能会形成懦弱自卑的性格。等她成年以后，无论遇到什么事都没有办法自己做主，只会一味地依赖父母，影响一生的生活质量。

很多父母将命令看做是一种高效率的教育方式，其实命令的作用仅仅是让孩子在表面看起来乖巧屈服，而心里却更加反感这种行为。

要知道，命令并不比积极的暗示对孩子更有效，遇到孩子做错事情时，可以考虑一下放弃命令的办法，而是积极暗示孩子这么做不对。

而且，命令会让妈妈的教育行为没有回旋余地。因为命令之后，孩子不一定会听，如果发生多次孩子故意假装没听到、妈妈也没有办法的事情，就会让孩子觉得，不听妈妈的命令也没什么，下次自然就更不会听了。妈妈可以选择征询的口气和孩子说话，在满足她自尊心的同时，也为自己后面的要求留下了余地。

妈妈贴士：

把自己当成孩子的朋友，放弃命令的口气，妈妈将体会到不一样的亲子乐趣。

1. 抛弃权威至上的观念。妈妈应放下权威的架子，将自己放在和孩子平等的位置。把尊重孩子的原则实行到位，只在孩子需要帮助的时候提出想法和建议，让孩子自己选择。

2. 从孩子的角度去看孩子的世界。家庭教育专家卢勤女士认为，“成人世界”与“孩子世界”沟通的钥匙，不仅仅掌握在孩子手中，而是父母和孩子每个人手中都有一把，最重要的是父母手中的钥匙。父母要想和孩子沟通，需要学会一件事——经常从孩子的观点上来思考，从孩子的角度来观察、决定事情，这是对孩子最大的尊重。她说：“与其用命令的方式对孩子指东指西，不如蹲下来好好和孩子说话。”

70. 减少唠叨，话不在多而在有没有力度

一项调查显示，在“你最不喜欢的父母的行为”中，大部分的孩子将票投给了“唠叨”。事实上，“唠叨”并不是中国特色，而是全世界父母的“通病”。

如果妈妈对女儿长时间地重复同样的话，就会发现女儿逐渐产生一种负面情绪。这种刺激过多过强、作用时间过久导致心理极不耐烦而反抗的现象，在心理上叫做“超限效应”。其实，话不在多而在于有没有力度，

所以请妈妈们减少唠叨。

丁丁说：“我妈妈总是唠叨，一件事可以唠叨一百次，烦都烦死了。就像上次考试，我只是一次没发挥好，她就可以一直念叨，非要全世界都知道我没考好。假如下次我考好了，我想她肯定还要说。后来我发现我一顶嘴她就说得更起劲，于是我决定不理她，让她一个人说去吧。”

小如也抱怨说：“每次我看动画片正起劲的时候，妈妈就让我写作业，我向妈妈保证十分钟后马上去做，可妈妈不到三分钟就又来催我，还不停地数落。有时候真想自己有一种魔法，把妈妈变成小孩，把我变成大人，让妈妈也尝尝被人唠叨的滋味，也知道我的心情。”

到底是什么原因，让妈妈如此爱“唠叨”呢？

第一，因不信任孩子而引发关心呵护式唠叨。这是一种无意识的爱护孩子的本能。在妈妈的眼里，孩子一直都是需要自己不断操心的，孩子没有能力靠自己做好一件事，所以总是放不下心，又不知道怎样才能有效地教导孩子，于是不自觉地一次次重复。妈妈错误地认为，孩子一次不听，就说两次，两次不听，就说三次，只要自己多说几次，她总会听进去。可惜的是，青春期的孩子往往将自己认定为成熟的大人，有了自己的主见，觉得自己不需要别人操心。这种矛盾造成了孩子对唠叨的反感。

第二，因急于求成引发催促命令式唠叨。妈妈总是希望自己说什么，孩子就马上做什么。其实孩子的进步和改变是需要一个过程的，妈妈要给孩子足够的时间，不断地打断、催促，只会阻碍孩子的进步。

第三，因不懂得倾听引发习惯性的唠叨。很多妈妈习惯了对家庭成员不停地唠叨，这种行为在无形中疏远了与孩子的关系。没有一个孩子喜欢无缘无故被念叨和指责，于是在青春期里与妈妈产生碰撞。

所以说，用唠叨来表现对孩子的爱，只会适得其反，让孩子更加反感而已。当女儿听多了没完没了的批评和指责时，就会竖起心理防护墙，从心里开始抗拒。一些孩子选择躲避，还有一些则是通过对抗、吵架的形式。无论是哪一种，对母女的感情都有着非常大的伤害。

妈妈贴士：

妈妈要学会减少唠叨，努力让那些冗长而没有意义的话语变成字字珠玑的至理名言，这样才能让孩子心甘情愿地听从。那么，要用什么教育方式代替唠叨呢？

1. 信任。相信孩子会为自己创造更好的未来，相信孩子能够自我约束，相信孩子不会让自己失望。相信孩子，促进其成长。

2. 尊重。孩子人生道路的设定应该是她自己的权利，妈妈要让女儿学会用正确的方式对待自己的生活。然后给孩子自由，而不是用唠叨的绳索束缚她。

3. 有所为有所不为。这里要遵循一个原则，那就是：可说可不说的就不说；同时有好几件事要说的，就拣一件最重要的说，其他的事情等这件事了结后再说；复杂的事情要分步骤说，先从孩子最容易做到的步骤说，完成这一步再说下一步。

4. 沉默。如果孩子做错了一些小事，妈妈尽量让她受到其他方面的惩罚，而不是絮絮叨叨地纠正这种小事。她要受到惩罚，才会自我纠正。每个孩子都要自己学会长大，为自己的行为负责。

71. 适当放权，给她空间

教育专家说过，很多家长将孩子视为自己的附庸，一味将属于孩子的权利握在自己手里，并且还一副理所当然的样子。如果家长长此以往，只会给孩子的成长帮倒忙。要记得：给女儿空间，适当放一些权利给她。

“我都跟她说了一万遍了，可孩子就是不改，我有什么办法?”“该做的我都做了，能给的我都给了，可孩子还是一副没心没肺的样子，怎么一点都不懂事?”“我都是为了她好，可她就是老跟我顶牛对着干，我说往东她偏往西，好像父母会害她一样。”“我们吃的盐比她吃的饭都多，她还小，根本不知道什么是好什么是坏，帮她做决定还不知好歹。”

这些都是父母不放权的表现。没错，爱孩子是父母的天性，尤其是很多妈妈，为了孩子付出一生心血，并且认为自己做的一切都是为了孩子好。

但遗憾的是，整天被父母的爱包围的孩子，她是否感受到并且懂得这份爱呢？她能否认同妈妈以爱之名的种种行为呢？

根据在一所小学573名学生和他们的家长中所做的一份调查得知，有近六成的孩子说：“我想做的事妈妈不让我做。”有近五成的孩子说：“他们不听我的意见就决定我的事情。”有近三成的孩子认为：“父母从来不站在孩子的角度考虑问题。”他们认为，这是一种不尊重的表现。

从调查中我们发现，爱子心切的父母总是习惯于自作主张，用自己的意志去左右孩子，凌驾于孩子之上。“我这样做是为了你好，你得听我的”是他们永恒不变的理由。其实，这是父母把自己放在了孩子的对立面，把孩子当做自己人生的附庸或者延续，硬生生地忽略了孩子自身的生存、发展和需要。

妈妈为女儿所付出的一切，当孩子长大后自然会理解，并且无限感激。可惜，这个年纪的女孩却无法感受到“爱”带给她的快乐，也无法在这种“爱”中积极发展、健康成长。

这就要求妈妈放弃以家长为本的教育观，从现在开始，把孩子当做一个权利的主体来对待、尊重，并且保护她的权利。

当妈妈开始尊重孩子的权利，并且引导孩子珍惜自己的权利时，正确的家庭教育才算开始。

妈妈贴士：

妈妈要开始学习将权利归还孩子，就要做到以下几点。

1. 给孩子自主的机会。在生活中，妈妈可以从尊重孩子的每一个选择入手。比如决定一件事时，要征得孩子的同意，让她觉得自己有选择的机会。妈妈要做的，只是在尊重孩子的基础上给予适当的引导。

2. 尊重孩子的隐私权。妈妈不要妄图监控孩子的一举一动，要让自己从权威的角色中脱身，用一颗宽容的心去接纳孩子。

3. 唤醒孩子的权利意识。妈妈要让孩子有清醒的权利意识，这样她才懂得如何去捍卫自己的权利。

72. 参与讨论，给女儿发言权

让孩子成为一位有思想的发言者，还是一头沉默的“羔羊”？这个决定权在父母的手中。理智的父母当然是把孩子纳入家庭讨论之中，把发言权还给孩子。

美国教育学专家威廉·詹姆斯曾经说过：“教育孩子最重要的，是要把孩子当成与自己平等的人，给他们以无限的关爱。”孩子本身就是一个独立的个体，进入青春期后，他们开始有自己的思想，意识到自己的人格和尊严，并且渴望父母在实际行动中尊重自己的独立意识。这一切，需要从发言权开始，让他们参与大人之间的讨论。

星星的父母一直都很注重孩子的发言权。在家里，一些和孩子有关的事情，不论大小，妈妈都会征求女儿的意见。然后一家人再坐在一起，平等地讨论。这对星星的成长来说，有着非常重要的作用，使得她的独立自我的意识比其他孩子要更加清晰，遇到事情敢于说出自己的不同意见，表达自己的观点。

由此可见，鼓励孩子参与讨论、给他们话语权是一件有百利而无一害的事。尤其是对有些内向不善于表达观点的女孩而言，拥有话语权就显得尤为重要。那么，妈妈要怎么培养女儿的这种能力呢?

首先，要给女儿一个民主、和谐的家庭氛围。在这种氛围里，孩子才会无所顾忌，才敢畅所欲言。

其次，妈妈要鼓励和引导女儿发表自己的意见。一般来说，很多女孩不敢把自己不确定的答案说出口，生怕说错了会遭到批评或闹笑话。这时，就需要妈妈鼓励女儿积极思考、大胆表达，这对锻炼女儿的社交能力有着非常重要的作用。

最后，如果女儿发表的意见不正确，妈妈也要让孩子把话说完，不要中途打断。这样才能完整地接收到孩子所要表达的信息，给予孩子正确的指导。

女儿是家庭生活里重要的一员，年纪小、不懂事并不是将她排除在外的理由。事实上，只要是家庭的成员，不论年龄大小，都拥有平等的发言权，女儿有权知道关于自己以及家里的事情，有权参与家庭事件的讨论与决定。

因此，妈妈要时刻记得，女儿也是家庭重要的一分子，对于家里的事情，不妨弯下腰与她进行商量。

妈妈贴士：

著名教育家魏书生写过一篇文章，叫《商量，商量，再商量》。从文中我们得知，与孩子商量是十分必要的。那么，和孩子讨论有什么益处呢？在这里简单列举三条，供妈妈参考。

1. 让孩子学会思考。经常参与家庭讨论的孩子，她们的思维比一般孩子更加敏捷。

2. 让孩子更加独立。培养她们坚强独立的性格，而不是懦弱自卑，遇到事情也更加有主见。

3. 让孩子学会尊重别人的意见。当妈妈作为尊重发言权的榜样时，孩子从中也学会了尊重他人说话的权利，这有利于她们听取别人的意见，而不会成为一个刚愎自用的人。

73. 多注意她的感受，给女儿一个青春期的出口

青春期的迷茫无处安放，各种情绪在这一时期纷纷出现，却找不到正确的出口。很多孩子开始到处乱窜，想要在迷茫之中找到正确的出路与方向。妈妈，请多注意女儿的感受，给她的青春期一个出口。

芬芬在妈妈的眼里一直是个听话的好孩子，但是最近妈妈发现芬芬的脾气越来越坏，常常为一些很小的问题和自己争论甚至争吵起来。妈妈很生气，经常说："我生你出来就是为了气我的吗？"芬芬就会大喊："你

总是只顾自己的想法，你从没有考虑我的感受!”妈妈觉得孩子大了，对自己的话也不听了。有时候妈妈给她一些建议，她就会立马拒绝，想都不想一下。这让妈妈觉得很难过，觉得女儿再也不像以前那样乖巧听话了。

在这个时期，不仅是孩子，父母也是如履薄冰，头痛非常。看着孩子在青春期的迷茫里挣扎，很多妈妈非常着急，但却没有办法进行开导，或是用错了方法，反倒将孩子推向更为痛苦的境地。

这个时期的孩子，都有哪些自我需求呢?

首先，她们渴望平等。越来越强烈的自我意识使孩子要求与父母处于平等的地位，得到应有的尊重与理解。这就需要妈妈注意孩子的感受，及时和她们进行善意的沟通。

其次，她们需要自由。孩子渐渐成熟，她们渴望有一片能够自由翱翔的天空，不希望被大人的管教束缚了手脚。妈妈要及时感受孩子的情绪，让她们学会一个人飞行。

最后，孩子意识到了权利。迈入青春期的孩子正走向成熟，她们意识到作为一个准成人，应该有自己的事情自己做主的权利。妈妈不要害怕孩子没有能力，如果你不放手，孩子将永远也长不大。

这个时期的女孩，敏感而脆弱。妈妈平时一句无心之言也会让她多愁善感的心灵受到伤害。这个时候，女儿需要的是妈妈特有的柔软与体贴，多注意孩子的感受，给她的青春期一个正确的出口。

妈妈贴士：

许多妈妈很疑惑，为什么自己成长的过程中，就没有那么多的烦恼，而现在的孩子，小小年纪就大喊着忧伤寂寞、疼痛孤独，到底是什么造成了这些孩子的“特殊青春期”?

1. 青春期的迷茫是这个时期特有的一种心理变化，并不是说特定属于某个时代。每个人特别是女孩子，都曾经历过那个阶段。不同的是，由于个体差异，每个人的感受不同，表现也不一样。因此，妈妈不必将女儿的各种小尖锐看成是心理问题，要用平常心面对，善加引导就好。

2. 这个年纪的孩子大多数是独生子女，在父母宠爱的环境下长大，家长平时工作忙，关心孩子的时间自然就少，而缺乏兄弟姐妹的陪伴，又让她感觉孤单寂寞，心里的情绪不知道如何发泄。同时，这种成长环境也造就了孩子不懂得为别人考虑、和人分享的自私性格。这种过度以自我为中心的想法，只会让她越发在意父母对待自己的言行，有一点不合心意，就指责父母不顾及自己的感受。由此可知，妈妈平时要多关心女儿的心理，多和她聊天沟通。

第八章　“初恋这件事”
——应对青春期女儿的异性交往

女儿不会永远是温室里那朵需要妈妈庇护的花朵，总有一天，女儿会离开温室，走到外面的世界去感受温暖的阳光。在这一路旅程之中，女儿会碰到很多她以前没有遇到的人和事。妈妈担心女儿过早地遇到不属于她的风景而错失日后的美丽，害怕女儿误入歧途，产生了不该产生的感情。在她可以把握自我之前，总有许多风雨需要妈妈陪伴，总有许多泥泞需要帮扶。面对青春期异性交往的问题，妈妈不能一味阻止，而是要告诉女儿，你可以和男生建立正常的朋友关系。

74. 认识世界，女儿需要异性朋友

“青春期”是一个最容易被忽视，也最容易被误解的时期。在这个不断成长的过程里，许许多多的问题冒了出来。这个时期的孩子，开始对异性产生兴趣，渴望与异性交往的需求与身体的发育和成熟有着密切的联系。而女孩，需要通过结交异性朋友来更好地认识世界。

根据最近的一项调查结果显示，不论男孩女孩都向往与异性交往。在青少年中我们发现，随着年龄的增长，这种向往有着明显的增长趋势。青少年对异性向往率是55.6%，而认为有必要进行异性交往的同学更高达79.8%。

这个时期的父母也是敏感的，尤其作为一个女孩的母亲，她将目光紧紧地盯在女儿周围的那些异性身上，就怕哪个男孩对自己的女儿产生了觊觎之心。

在这里，我们要提出的一个观点就是，青春期的少女需要异性朋友。

当然，我们所讲的是一种建立在友谊之上的正常交往。从教育者的思维观念来说，必须正视异性学生之间正常的交往，并且将其摆在一个重要的位置上。

可能很多妈妈没有意识到，青春期里女儿同异性之间的交往，对于她的成长是有益处的。

好处一：智力。男女生在智力类型上是有差别的，这个不可否认。所以，支持男生女生一起学习、相互影响，是可以达到互补的效果的。

好处二：情感。女儿在与异性的交往过程中，可以得到一些平时无法感受的情感。这源自两性情感上的差异。男生的热烈与豪爽有助于女孩子学习人际交往的课程。

好处三：个性。男生和女生的个性有着天壤之别，如果你的女儿只和女孩交往，恐怕很难培养出豁达乐观的品质，使她的心理发展过于狭隘。

其实，青春期的男女大部分都还只是纯洁的友谊，只要妈妈能注意教导女儿保持健康的交往意识，那么，这样的交往就完全不必担心。

妈妈贴士：

很多妈妈发现自己的女儿和某个男生走得过近，或者听女儿频繁提起班里的某个男同学，都难免长个心眼，旁敲侧击，时时告诫，以杜绝早恋。殊不知，这种疑神疑鬼的行为反倒引起了孩子的反感。

那么，让我们一起来看看，妈妈在女儿与异性交往的观念中存在的一些误区吧。

1. 学生就是以学习为任务，交朋友以后再说。其实，学生的主要任务是成长，而不是狭隘地读书。成长除了身体的发育外，还涉及个性的形成、道德的培养以及智力的进步等方面。一个人的全面成长离不开与他人的交往，这里面自然包括与异性的相处。如何与男生健康交往，是每个女孩必然要学习的课程。

2. 女儿还小，不懂事，不会和男生交往。其实，与异性的交往能力并不是到了一定年龄就能水到渠成的一件事，更多的是需要平时的锻炼与实践。如果女儿长期与异性隔离，只怕会加重她在与异性交往方面的心理负担，等到她需要利用这种人际交往能力时，她会发现自己已经无法正常地运用了。此时，没有人会给女儿学习的机会。

3. 女儿和男生交往会分散精力，影响学习。很多家长反对的支撑点无非是很多因“早恋”而没能考上大学的例子。其实，学习之所以会下滑的很大原因并不是分散了精力，而是家长与老师过度施加了“早恋”的压力在孩子的精神上，从而影响了孩子学习的情绪。

这些误区，妈妈是否有呢？如果存在的话，这个时候妈妈就要好好反省自己，改变观念。

75. 告诉女儿把握好与异性交往的尺度

女娲造人，于是有了男女之别。在这个日益融合的社会里，异性之间的交往不可避免，并且成为现代社会最基本、最重要的交际形式之一。

关于女孩与异性交往的重要性我们已经强调过，在此不再赘述。因此，如果妈妈希望女儿的生活幸福、事业成功，就一定要让女儿学会如何与异性相处，并且准确把握交往的尺度。

靓靓在学校里是出了名的活泼开朗，交友非常广泛，甚至和其他班上的男生都可以称兄道弟。但靓靓不知道，自己的行为举止让妈妈担心不已。每次有男生找靓靓出去玩时，看着女儿毫无城府的脸，妈妈就觉得自己不知该说些什么。在靓靓的眼中，与异性交往和与同性交往并没有区别。她平时大大咧咧的，根本不懂得如何把握与异性交往的尺度。这让靓靓妈妈非常忧虑，不知道如何教导女儿正确与异性交往。

关于交往的尺度，我们要遵循以下几个原则。

原则一：摆正心态、一视同仁

心态是与异性同学健康交往的首要条件。妈妈可以教女儿把班上的同学都视为自己的兄弟姐妹，这样才能在交往中自然大方，讲礼貌懂分寸。

原则二：正常时间、适当地点

妈妈要告诉女儿，与异性同学交往的时候要注意交往时间的长短，并且要在公开的场所，注意不要在阴暗、偏僻的场所单独交往。不要只和个别同学交往，要扩大交往的范围。

原则三：保持距离、举止有礼

妈妈要先明白，“异性相吸”是一种不可违反的客观规律。因此，如果男女同学交往距离过近，就容易走入情感误区。妈妈应该提醒女儿在与异性交往的时候，注意保持一定距离。同时，在交往过程中要举止有礼，不要随便动手动脚、举止轻浮。

原则四：自尊自爱、修身养性

妈妈应该注意加强女儿自身的修养，如庄重沉稳、活泼大方、淳朴自然、自尊自爱。

原则五：躲避流言、注意谈吐

妈妈要告诉女儿，不要捕风捉影，随便开同学的玩笑，尤其不能说长道短、散播流言。这在妨碍与他人交往的同时，也贬低了自己的人格。应该做到遇到流言不说、不传、不轻信、不盲从。异性同学之间也要注意用语文明，不要说粗话、脏话。

原则六：信任家长、尊重同学

女儿如果发现某位异性对自己有好感，妈妈要安慰她不要惊慌，教她在尊重异性同学的心理感受和感情的基础上，采取适当得体的方式向对方解释明白。不要把简单的问题扩大或复杂化。

妈妈贴士：

在日常的生活交往中，妈妈应该从具体的行为细节上指导女儿正确把握与陌生异性交往的尺度。以下几点是需要妈妈特别注意的。

1. 告诉女儿，不吃陌生异性给的食物。

2. 不接受陌生异性的馈赠。

3. 不轻信陌生异性的承诺。

4. 不与陌生异性到陌生场所、地点，比如宾馆、饭店，或者乘车到异地等。

5. 提醒女儿，如果遇到自己解决不了的问题，应及时告知老师与家长，严重时应立即报警。

76. 女儿的魅力要由异性来激发

进入青春期，女儿的性意识逐渐觉醒。这种朦胧的性意识并不是肮脏龌龊的，而是这个年龄的女孩所拥有的最美丽、最纯洁的情感。

青春期的性需求主要通过与异性的交往以满足好奇心、释放性心理能量来实现。

这种正常的交往有利于你的女儿更加了解男生，减少她对男性的好奇感。同时，男女之间各方面的差异可以帮助女孩得到智力上的互补与学习上的激励。

根据调查显示，善于与异性交往的女孩往往是开朗活泼的，心里不会压抑太多的负面情绪。当然，这种交往我们强调的是要分开友情与爱情。也就是说，青春期女孩的美丽，往往需要由异性来激发。

小惠是重点高中的学生，平时成绩优异深受老师与同学的喜爱。最难得的是，她能够很自如地和男生沟通交流，与他们称兄道弟、愉快相处。平时在学习上遇到了什么难题都能和他们进行讨论，男生特有的思维给了小惠很大的帮助。在生活中，小惠遇到不开心的事情就会向他们倾诉，男生的乐观豁达给了她很大的启发和开导。在她的眼中，与男生的交往对她的成长起着重要的作用。

这个年纪的孩子，习惯凭着直觉进行纯洁而美好的交往。这种友谊，妈妈应当尊重并且鼓励。根据心理学的研究和实际观察发现，青春期交友范围广泛，不拘于性别的女生比那些只和女性朋友玩耍的女生个性发展更为完善，她们往往情绪稳定、情感丰富、自制力强、心理健康，容易形成积极乐观、开朗豁达的性格。

由此可见，如花一般美丽的青春期的女孩，她们的芳香与魅力需要在与异性的正常交往中激发和展现。

无法展现自身美丽的女孩是充满遗憾的，妈妈一定也希望自己的女儿成为花园里最美丽、最娇艳的花朵。

妈妈贴士：

我们强调了异性交往的美丽风景，并不代表我们忽视男女交往的副作用。现实中，很多女孩被过于招摇的魅力伤害，这就是她们不懂得“收”与

“放”之间的具体关系。

1. 广交朋友，不要只和一个异性交往。鼓励女儿广交异性朋友，才能让她认识到自身魅力，不和某个异性交往过密就能将这种情感控制在正常范围内。

2. 心思坦荡，不要带着私心杂念交往。古人有一个非常美丽的词，叫“思无邪”。它代表着世上最为纯洁的情感，不存在一丝一毫的杂质，没有被俗世染上一点一滴的污垢。同学之间的友谊便是这最为晶莹剔透的情感之一，女孩的魅力应该为这块水晶染上五彩缤纷的色彩而不是污垢。

77. 教女儿如何拒绝异性的求爱

日本电视剧与韩国小说的流行让孩子们认识到了不一样的世界。“告白”亦成为了时下出现频率最高的一个词。我们很轻易地从男孩女孩的口中听到“今天谁和谁谈起了恋爱”、“某某向某某告白了”之类的话。“爱情”已经不是初中生口中的禁忌词，尤其是女孩，更加热衷于探讨这种情感，仿佛自己就是小说中的女主角，等待白马王子的降临。

可事实上，当女孩遇到向自己告白的男生时，大部分都是惊慌失措，不知道如何应对。有些女孩甚至因为不知道如何拒绝而被迫答应。这时，妈妈需要教导女儿，如何拒绝异性的求爱。

有一天下了晚自习，晶晶一个人回家。在小区拐角的黑暗地带，一个男生忽然窜了出来。他将晶晶拉到一边，向她告白。眼前的男生是同班同学，但两人平时交往很少，话也没说过几次。男孩过于激进的行为让晶晶很害怕，又不敢大喊叫人，只能到处躲避，弄得她脸红耳赤。不管晶晶怎么解释，男孩都不肯放晶晶离开，非要晶晶给自己一个答案，如果晶晶不拒绝就代表默认。这可难为了晶晶，她根本不知道如何去拒绝一个男生。

如何拒绝异性的求爱是每个女孩必须学会的一种技能。这种技能并非与生俱来，需要妈妈以成年人的姿态来进行指导。

第一点，态度坚决。不管多么高明的拒绝都无法避免伤害，所以女孩不必因此而犹豫不决。左右摇摆看似善良的姿态，但是如此一来，要么使自己陷入尴尬的境地，要么就会给对方造成更大的伤害。

第二点，尊重对方。当男孩向女儿表白时，妈妈要告诉女儿减少给对方的伤害，比如言语上的委婉、理由上的充分。这既是减少对方的内心挫折，同时也是对自己的一种保护。现代小孩心理承受能力较差，有的思想偏激的男生在遭到拒绝后会怀恨在心，伺机报复。

第三点，举止有礼。很多女孩在第一次听到男孩表白时，会被吓得口不择言甚至落荒而逃。还有些女孩在男孩告白后就视对方为邪恶之徒，避而远之，冷言奚落。这些行为都是不合适的，建议妈妈告诉女儿，在拒绝男生的求爱后，应当始终保持一定距离的友好关系。

第四点，阐明自我。女孩只有准确地表达自己对于这次告白的看法，才能让男生从心理上选择放弃。妈妈应该注意培养女儿正确的爱情观与人生观，让她在面临错误的爱情时能够理性地拒绝男孩。

妈妈贴士：

拒绝的借口是最难想的，很多女孩或许因为缺乏经验，或许因为惊慌失措，总是无法用最合适的理由说服男生放弃。在这里介绍一些有实用价值的理由，供妈妈教导女儿时选择。

1. 年纪小。青春期的女孩大都没有成年，无法负担自己的人生。妈妈可以教女儿用“我年纪还小，没有谈恋爱的打算”为借口拒绝男生。如果他说“我可以等你”，这个时候，女儿就可以顺势说出“那就请你等我成年了再来找我吧”。

2. 家教严。妈妈可以教女儿以“妈妈管得严，不允许我谈恋爱”为借口。如果男生说“我们可以偷偷谈，不让父母知道”，这个时候就可以让女儿坚定地表明自己的立场：自己非常听话，绝对不会违背妈妈的意愿。如果男生想要成为自己的男友，就请得到妈妈的认可。这个年纪的男生大多没有向成人坦白的勇气，女儿可以利用这种心理拒绝他。

3. 要学习。妈妈可以教女儿告诉男生，在这个阶段里自己一切以读书为重心，并且表明自己的人生目标，希望男生不要阻碍自己向梦想迈进。如果他真的喜欢女儿，就请和女儿保持一致的步伐，朝着梦想努力。

78. 当女儿喜欢上男老师

青春期是少男少女情感空间开放的时期，他们开始关注异性，并且在意自己的一言一行。这是每个人都会经历的特殊时期，每个女孩都会有自己爱慕的异性，但这与一般意义上的喜欢有着很大的不同。比如，一个女孩喜欢上的可能不是班上某个男孩，而是某个男老师。

提到师生恋我们并不陌生，很多影视小说都以此为素材，进行或颂扬或贬低的描写。那么，当女儿喜欢上男老师的时候，该怎么办呢？

小蝉是一个重点高中的女学生，和大多数的女孩一样，平时努力好学，活泼开朗。唯一不同的是，她喜欢上了她们曾经的语文老师。那是个学识渊博、风度翩翩的男老师，符合小蝉对异性的所有幻想。但她隐隐知道这是一种不正确的情感，可她不知道如何停止。每天来到学校，小蝉都告诉自己不要看见他、不能看见他，可是却又控制不住地在人海中搜寻他的身影，想看他一眼，日记里也全是老师的名字。她害怕别人知道这种情感，因此买了很多练习册，想通过做题来淡忘这些事情，可是从心里她又舍不得忘记他。

学生的生活圈子狭窄，他们所能见到的异性有限。每天生活在学校里，特别是寄宿生，周一至周五都是待在学校里，在这种单调的生活圈子里，女生每天所能见到的异性就是男老师和男同学。

相较于幼稚调皮的男同学，男老师知识渊博、成熟稳重。特别是一些优秀教师，课堂上幽默风趣，充满智慧，很容易让涉世未深的女同学在精神上产生一种依赖和崇拜感。加上青春期荷尔蒙捣乱，很容易让女同学觉得自己爱上了男老师。但是毫无经验的她们无法正确地处理这种情感，最终让自己陷入了情感的误区。

妈妈要敏锐感知女儿的情感变化，和她积极交流，告诉女儿对老师的好感要放到心里，待她成长为一个成熟的女性时，再回过头看看这段尘封的回忆，将是一件非常美好的事情。

妈妈贴士：

如果女儿一时迷茫，误以为自己爱上了男老师，妈妈可以通过谈心来帮助女儿走出误区。

1. 明确告诉女儿婚姻的神圣。那个年纪的男老师大部分都已经结婚，有了家庭，要告诉女儿如果真的仰慕老师，就要尊重他的家庭与婚姻，不要做出伤害他的事。

2. 帮女儿理解对老师的情感。这个年纪的女孩往往具有一定的恋父情结，她们很可能将这种对年长男性的情感移植到男老师身上，因而产生错误的认知。为此，要让女儿多和同龄的异性同学建立正常的友谊，扩大她的交际圈。

79. 女儿爱上小混混

在时下流行的韩式小说里，那些整天不读书、爱惹是生非打架闹事的男孩总是被全校男女追捧，奉为偶像。女生则对这种小混混式的男孩青睐有加。

俗话说：“男人不坏，女人不爱。”这话看似荒谬，却是很多男女的真实写照。

妈妈最担心的，莫过于女儿喜欢上不爱读书的坏男孩、小混混，从此被带坏了。那么，如果女儿真的爱上小混混，又该怎么办呢？

涵雨从小到大就常被人夸漂亮可爱，上了初中以后，更是吸引了很多人的目光。妈妈发现，最近总是听到一些男孩在楼下叫喊自己女儿的名字。涵雨妈妈从窗户看出去，发现那些男孩子的打扮奇奇怪怪，有些甚至叼着根烟，一看就不是好好学习的孩子。开始女儿还不理会那些男孩，可渐渐地，妈妈发现女儿和小混混当中的一个交往过密，很是担心。自己的女儿一向心高气傲，怎么可能愿意和那种小混混待在一起呢？

相信很多人和涵雨的妈妈一样，对这样的男孩到底有什么魅力吸引女孩子而感到困惑。

首先，坏男孩并不高明的幽默却能博得女孩一笑。他们比一般的男孩接触社会更广，知道很多待在校园里的学生不知道的事。女孩在枯燥的学习生活中听到坏男孩们眉飞色舞地讲一些外面社会的故事，再加上他们虽然不高明却直白的幽默，比只会谈书本的男孩更吸引人。

其次，坏男孩敢于和老师叫板。青春期的女孩一直都是老师眼里的乖乖女，但这并不代表她们的内心没有反叛的意识。当坏男孩用行动表达了她们渴望却不敢表达的叛逆，就会让思维尚不成熟的女孩产生崇拜的心理。加上各种小说和电视剧的狂轰乱炸，将这种不符合主流的行为定义为潮流，女孩又如何能抵抗坏男孩的魅力呢？

再次，坏男孩在外形上标新立异。很多女孩将这种不同看做是潮流的标志，虚荣心让她们觉得和这样的男生在一起是很有面子的事。如果介绍给自己的朋友，常常能惹来羡慕的眼神。当然，除了外形之外，坏男孩还特别会玩。他们知道带女孩去哪里玩能让她们高兴。女孩无法拒绝给自己带来愉快的男孩。

最后，坏男孩总是非常强势。女孩天生有一种渴望被保护的心态，她希望自己的男友能像父亲一样为自己撑起一片天，这就注定会打架的男孩更受欢迎。女生也觉得男孩为自己打架是一件很让人感动的事，她会自然而然地用自己的感情去报答。

所以，妈妈平时一定要多加小心，免得女儿一失足成千古恨，被坏男孩阻碍了美好的未来。

妈妈贴士：

小混混到底是什么样儿？妈妈一定非常好奇。我们大概统计了一下得知，小混混一般有以下几个特点。妈妈可以根据这些来判断女儿是否和小混混交朋友。

1. 一头诡异的发型。或是披肩、或是板寸，颜色则是五彩缤纷，不一而足。

2. 一身新潮的服饰，总之什么奇异穿什么。

3. 刺青外加不好好学习，整天打架闹事。

如果有以上几个特征的男孩围绕在女儿的周围，妈妈要格外注意了。

80. 当女儿堕入网恋旋涡

中国社会不断发展，网络在我们的生活中张开了一张网，它的无所不在日益影响了我们的日常生活，当然也改变了传统的“面对面”互动的恋爱方式。

中山大学社会学系《中国青年研究》特约研究员曾坚鹏指出：“网恋是有爱情意向的年轻男女，以超越时空限制的网络作为载体或者工具，对情感对象进行虚拟性或者虚拟性和现实性兼而有之的理性选择的交易。”

当女儿坠入网恋旋涡之后，需要妈妈及时发现并帮助她脱离网恋。

梅梅是一名初二的女生，一直是老师眼里的好学生。可最近梅梅却在上课的时候偷偷发短信，结果被老师没收了手机。妈妈来取手机的时候，发现手机收件箱里全是一个叫“风”的男生的短信，内容很亲密，就像恋人一般。在妈妈的质问下，梅梅承认自己网恋了，原来两三个月前，梅梅因为一次偶然机会认识了网上的“风”，“风”比梅梅大两岁，在另一个城市上高一，两人聊得很投机。渐渐地，梅梅发现自己喜欢上了这个大哥哥，两人确立了恋爱关系。

梅梅这个年纪的女孩对异性产生爱慕是身心发展的正常表现。她们的身体发育日趋成熟，对性产生好奇心，同时，渐渐有了独立性和反抗意识，渴望有人理解自己。

女孩陷入网恋，其实是抱有一种朦胧美好的情感，妈妈要理性对待，选择适当的时机，和孩子像朋友一样地交谈，讲清网恋的弊处。但要注意的是，妈妈要把握好语言、方式，不要伤害孩子稚嫩脆弱的情感，造成孩子逆反和抵触心理，或者给孩子成长留下阴影。

那么，要怎样帮助孩子走出网恋的困扰呢？

首先，建议妈妈培养女儿广泛的兴趣爱好。网恋与网瘾息息相关，精神空虚的孩子总是沉迷于网络之中。因此，妈妈可通过兴趣的建立，充实孩子的精神世界。

其次，要重视与孩子平等的交流与沟通。女孩如果在平时生活中缺乏关爱与沟通，很容易将网络上的关心当做精神寄托，并且把这种寄托错误地当做爱情。妈妈要多关心孩子的心理健康，经常听听孩子的心里话，帮助女儿学会辨别现实与虚拟世界。

最后，妈妈要明白，摆脱“网恋”不是一朝一夕的事，需要一段时间的耐心开导，不可急于求成。

妈妈贴士：

面对女儿网恋，妈妈应该注意一些具体的教育方法。

1. 平时妈妈可以大大方方、自然地同女儿讨论恋爱、异性的话题。越是回避这方面的话题，越会激起孩子的好奇心，不如摊在阳光下，让一切透明而没有神秘感。

2. 如果女儿要去见网友，妈妈可以酌情考虑。想象中的爱情总是美好的，当这种感情脱离童话般的美好，可以让孩子更加清醒地认识到网络的虚幻，这对孩子的成长是有利的。

3. 女孩的自我保护意识尤为重要。去见网友的时候，妈妈可以建议孩子约同伴一起去，并且限定见面的时间和地点，随时打电话回家。如果能征得女儿同意，让妈妈一起前去就最好不过了。

81. 言情小说让女儿无法自拔

经久不衰的“言情热”是近几年文学界普遍关注的问题。因其题材比较贴近青少年的校园生活和心理需求，受到许多青少年的喜爱，尤其是那些对爱情充满幻想的女孩子，对于一些校园爱情、古今穿越等题材的言情小说一直很追捧。

小波是一个初三的女生，因为上课时用手机看小说已经被授课老师没收了4部手机，可是小波依然对言情小说无法自拔，每次都随着小说里的情节进入自己想象的世界。有一次在上课的时候，小波因为看到故事里的男主角为心爱的女生付出了生命而大哭起来，让上课的老师和同学都不知所措。对于女儿这种情况，小波的妈妈非常头痛但无计可施，眼看着女儿沉迷于言情小说无法自拔，她就搞不懂，为什么这些瞎编的爱情故事能让女儿这么着迷呢？

青春期的女儿为什么爱看言情小说呢？

现在的中学生不论是生理还是心理都处在一个懵懂的阶段，而且这个年龄段的女孩子对爱情之类的东西理解还不是很深刻，但都渴望美满的、幸福的、完美的、甜蜜的爱情。而言情小说正好满足了女孩子这种心理，在看小说的同时，女孩子也将自己带入了那个角色，仿佛自己也经历了爱情中的种种悲喜。

此外，青春期女孩爱看言情小说还有其他一些原因：一是不愿学习，对课本上的知识不感兴趣；二是认为上课学的东西没用，还不如看点“课外书”增加点其他方面的知识；三是看到电视、娱乐新闻里常常涉及这些言情故事，让她们对感情充满期待；四是面对学习、考试的压力，她们想要一个释放的出口；五是女孩早熟，加上生活条件优越，课外活动少，把业余的时间都用来看“课外书”了。

事实上，爱看言情小说的女孩子大多不敢早恋或是还没有心上人，只是在小说中寻找她们想要的爱情。就发育速度而言，男生还在爬树打闹的时候，女生却学会了托腮愁怨，所以男生不喜欢这样多愁善感的爱情故事，而早熟的女生出于对爱情的好奇，需要言情小说中的爱情故事来满足她们童话般的幻想。

妈妈贴士：

望女成凤的妈妈，看到自己的女儿如此痴迷言情小说，该如何是好呢？

1. 首先不要通过打骂来阻止女儿看这些书，而是尽可能地肯定女儿阅读的积极性，努力提高孩子的兴趣，让她知道爱读书本身是一件好事，不能只是一味地禁止女儿读课外书。

2. 选择适合女儿的书。妈妈不妨和女儿一起讨论、选择书籍，以适应女儿的心理和兴趣。比如，可以让女儿多看一些介绍优秀人物的书籍，在阅读中接受成功励志的熏陶，懂得为人处世的道理，也可以鼓励女儿读一些经典名著或科普书籍等。

3. 留出阅读时间，帮女儿安排好学校学习和读课外书的时间。比如，和女儿一起制订读书计划和时间表，在女儿很好地完成学习任务后，允许和鼓励她根据自己的意愿读些课外书，或是根据女儿当日作业量的多少，弹性地增减课外阅读的时间。

82. 女儿跟男孩成为“哥们儿”

男生和女生之间有没有真正的友谊？这一直是大家争论不休的话题。普遍认为，女孩可以和男孩交朋友，但这仅限于正常的同学交往，不可超过一定的度。

但现实中，很多妈妈发现自己的女儿和某个男生交往过密，问到关于那个男生的事，女儿常会以“哥们儿”解释。

不论真假，大部分的妈妈都无法接受自己的女儿和男孩成为“哥们儿”，整天称兄道弟的。那么，当女儿和男孩成为“哥们儿”的时候，妈妈又该如何是好呢？

汪女士和女儿最近一直在冷战，原来女儿从小就是个假小子，最喜欢和男孩子在一起玩耍。汪女士当时认为孩子还小，等长大后就好了。可女儿进入青春期后，虽然不像以前那样像个假小子，却还是和周围的男生打成一片，用“哥们儿”互相称呼。妈妈为此很担心，一是怕女儿的性格太男生化，对她以后的成长不好；二是怕那些男生用“哥们儿”的借口接近女儿，不怀好意，同时也担心女儿对她的某个“哥们儿”日久生情，这不是电视剧里常有的吗？

其实青春期正是容易对异性产生模糊好感的阶段，但这种情感更倾向于孩子的友谊而不是所谓的爱情。妈妈不必用成人的眼光去看待孩子的情感，如果能好好地引导，相信会是女儿人生中不可多得的经验，对于女儿性格的形成也有一定的积极作用。

首先，妈妈应该观察女儿的“哥们儿”是哪种人，如果是品行较好的男生，那么女儿和他成为“哥们儿”，对于女儿独立自主性格的培养也是有帮助的。如果是坏男孩，妈妈就要多加注意了，要经常和女儿聊天谈心，帮助她分辨朋友。

其次，妈妈不要用粗暴的手段阻止女儿和男生成为“哥们儿”，可以在平时的生活中告诉她男女有别的道理，帮助她形成“性别意识”，让她在与男生相处中注意自己的言行，不可太过暧昧，保持正常的交往即可。

最后，女儿和“哥们儿”出去玩，妈妈要记得叮嘱女儿注意安全，不要单独和男生去人少的阴暗角落，要出去玩最好是一帮人一起到热闹的地方。同时还要嘱咐女儿及时告知父母自己的准确位置，定好回家时间，以保证安全。

妈妈贴士：

女儿和男孩成为“哥们儿”的理由有哪些呢？在这里列举几点，方便妈妈了解女儿的心思。

1. 男生生性豁达，不斤斤计较。现在有很多女孩子被父母宠坏，娇气任性，如果你的女儿属于性格豪爽的女生，自然不喜欢和刁蛮的女孩玩耍，反倒是心胸宽广的男生更符合她做朋友的标准。

2. 男生坚强勇敢，遇事有主见。现在很多女孩被父母放在“温室”里，养成了懦弱没有主见的性格。如果你的女儿属于性格比较独立的，那么她更愿意和坚强勇敢的人做朋友。

3. 男生幽默，一起玩的时候不会冷场。男生和女生的思维角度不同，在一块聊天时总是能感受到不同的思想魅力，总是有说不完的故事和话题。

83. 不断有男生打来电话

女儿进入青春期后，异性交友问题就变成了一个特别敏感的话题。如果有男生往家里打电话找女儿，妈妈总会多留一个心眼，在女儿讲完电话后详细盘问。但这种略带猜忌的行为，不但会让女儿心生厌烦，还会在无形之中拉开母女的距离。因为女儿觉得自己受到了怀疑，不被信任，非常反感妈妈一而再再而三地提及这些问题。

萱萱最近就为电话的事和妈妈大吵了一架。萱萱是班上的学习委员，经常有同学打电话来问一些和学习有关的事。可是每次妈妈接到男生打来的电话后，如果女儿没注意就直接挂掉，就算要给女儿听，也会先将对方的情况盘问清楚。班上的同学经常为这事背地里笑萱萱，觉得她妈妈太古板了。萱萱为这事也很难过，那些被妈妈仔细盘问过的男生后来就再也没打过电话来问自己学习上的事，平时在班上也渐渐疏远自己。她只想告诉妈妈，不要总是为了一个电话疑神疑鬼的，希望妈妈能对自己有点信心。

其实，妈妈接到男生打来的电话没有必要想太多，毕竟这个年纪的孩子之间更多的还是单纯的友谊或者仅仅是为了讨论班上的事情。妈妈不应该反对女儿的正常交友，更不应该干涉女儿的电话。要知道，明明没有的事情，如果被妈妈一再提及只会让女儿觉得非常反感，拒绝与妈妈进行沟通交流。妈妈必须记住一点，信任是母女之间良好相处的第一步。

当然，我们也不排除一些男孩老是打电话来骚扰女儿的现象。这个时候，妈妈可以用聊天的方式和女儿提到这个话题，从女儿的口气中可以判断出，到底是单纯的同学打来电话还是有男生在纠缠女儿，从而对症下药。千万不要一棍子打死，这样既阻碍了女儿正常的同学交往，也对女儿的人际关系和成长发育非常不利。

再说，现在的孩子都非常聪明了，如果女儿真的早恋，那么男生在打电话过来的时候一般不会自己出面，而是找其他女生帮忙以掩人耳目。

所以说，妈妈如果总是接到男生打过来的电话，表面上一定要不动声色，如果让女儿感觉到你想要窥探的意图的话，不论是真是假，都只会更加防范你。如果母女之间都要弄成“无间道”，未免也太过辛苦了。

总之，在有确凿证据之前，妈妈不要随意批评或者指责女儿，给她扣上早恋的帽子。

妈妈贴士：

总有男生打电话过来，女儿到底是谈恋爱了呢，还是真的有其他的事情？妈妈可以通过以下几种方法来判断。

1. 可以通过女儿的表情来判断。如果女儿打电话时很高兴，甚至有些激动和害羞，接完电话后表情很不自然或看到爸妈有些脸红，有可能是陷入了恋爱。

2. 可以通过女儿的小动作来判断。如果女儿接完电话后有些故作掩饰的动作，比如无意识地握拳、抚弄头发、摸桌子等行为，可能就有些问题。

3. 可以通过电话时间的长短来判断。如果女儿和男生一聊就聊了一两个小时，煲上了电话粥，至少说明女儿对其有好感，与他有说不完的话。

84. 女孩子天生的恋父情结

朱智贤主编的《心理学大词典》关于“恋父情结”是这么释义的：女儿亲父反母的复合情绪。弗洛伊德把小女孩对父亲的深情专注，想把母亲置诸一边，取代她位置的愿望，即“爱父嫌母”的潜在愿望，称为恋父情结。

蒋妈妈的女儿小珠今年12岁，学习成绩一直很好，但性格内向，经常有一些奇怪的举动。上星期小珠的爸爸要出差，小珠却任性地不让爸爸离开，爸爸才刚走，小珠就坐立不安，茶饭不思的样子。蒋妈妈关心女儿，孰料女儿竟然冲她喊“讨厌”，平时也是一副爱理不理的样子，直到爸爸回来，才又恢复了正常。小珠甚至就连自己得到的礼物没有妈妈贵重，也会大发脾气，弄得两夫妻非常无语。经过心理医生的解释，才知道女儿这种现象是“恋父情结”的反应。

究竟是什么导致了女孩的“恋父情结”呢？

据研究，女孩这种对母亲的埋怨与妒忌的交织情绪，发展成为反母亲父的“恋父情结”，一般来说有三个条件。

条件一：家里阳盛阴衰。

条件二：父女相依为命，或父女亲近超过母女的亲近。

条件三：女儿个性内向，心理稚嫩，富含“嗲”气。

女孩的成长过程始终无法与父亲实现心理分离，这对女孩的成长有着非常不利的影响，甚至阻碍了与同龄男性的正常交往乃至婚恋。

当然，“恋父情结”并不是一件见不得人的事，妈妈不要太过担心。如果你发现女儿有恋父的倾向，那么此时此刻，你就要开始考虑如何帮助女儿从这种倾向中解脱出来了。妈妈要促使女儿明白家庭分工之中不同角色的定位，让女儿以成熟的身份来看待父母的关系。要知道，家庭里最基本的关系是夫妻而非父女。妈妈要帮助女儿走出“心理断乳期”，而不是像个小女孩那样将父亲当做神话来信仰。

当然，性教育的缺失也是重要的原因之一。女儿不知道什么是“男女有别”，无法从依恋父亲的套索中解脱出来，此时，妈妈应该帮助女儿走向同龄伙伴，为将来青春期结交异性朋友做好铺垫。另外，妈妈在平时多关心女儿，对于帮助女儿走出“恋父情结”也有着非常重要的作用。

妈妈贴士：

“恋父情结”需要妈妈及早发现，那么在日常生活中，妈妈要从哪些方面来判断呢？

1. 亲父。对父亲言听计从，甚至违心地讨好父亲。

2. 反母。对母亲不怀好意，甚至贬而后快。

3. 幸灾乐祸。当父母争执，特别是父亲斥责母亲时，她就幸灾乐祸，扮鬼脸。

第九章 教女儿做个好女孩
——应对青春期女儿的叛逆行为

在妈妈的眼里，女儿永远是那个躺在自己身边，连眼睛都没睁开的小天使。她永远纯洁无瑕，是自己心头最柔软干净的地方。只是，这光怪陆离的社会变成了巨大的染缸，女儿在不可避免地接触社会时，也被染上了其他的色彩。这时候，只有妈妈拿起一支画笔，重新为女儿描绘起程的路线。

85. 闭锁心扉，女儿自闭沉默寡言

小时候的女儿唧唧喳喳像是林子里最快乐的小鸟，无忧无虑，对任何事情都是乐观而天真的样子，没有心事，没有烦恼。

当青春期悄然到来，原本活泼的女儿忽然像变了一个人一般，内向沉默，不爱说话。不论对谁都是一副漠不关心的样子，也不向妈妈说心里话了，这种现象在心理学中被称为“闭锁心理”。

小芸今年14岁了，原本喜欢在外面到处疯跑的她忽然不爱动了，天天回了家就把自己关在房间里，吃饭的时候也是一句话都不说。妈妈有时候会问女儿一些关于学校和学习的事情，女儿也是问一句说一句，很敷衍的样子。后来听女儿的一些同学说到，女儿平时在学校里也是沉默寡言，不爱说话，对谁都很冷漠，爱理不理的，很难相处。妈妈一时之间完全没了头绪，不知道该如何处理这突如其来的“自闭”。

其实，进入青春期的孩子总会觉得自己已经是大人了，必须在一夜之间成熟起来。这种心理使她们抗拒父母的关心，将一肚子的心事藏好，不愿敞开心扉，就连最亲密的朋友也不再轻易倾诉。于是，女孩们总会在日

记里将青春与忧伤、孤单之类的词汇联系到一起。

德国心理学家斯普兰格说："没有谁比青年人从他们孤独小房里用更加憧憬的目光眺望窗外世界了，没有谁比青年在深沉的寂寞中更加渴望接触和理解外部世界了。"

这种青春期特有的孤独使得这个时期的孩子渐渐沉默寡言，不愿意和同龄人或者长辈进行交流。不过，大部分孩子在经过妈妈的耐心引导后，会恢复以前开朗的性格，所以妈妈也不必太过担心。

妈妈贴士：

妈妈发现女儿忽然变得沉默寡言时，应该如何引导孩子走回正轨呢?

1. 心理暗示。通过放松心情，缓解压力，可以使女儿消除一部分心中的负面情绪。

2. 各个击破。鼓励女儿把自己不开心的事情罗列在纸上，这个时候，女儿也许会发现这些所谓的烦恼其实根本是庸人自扰。

3. 释放情绪。如果女儿心里积压了太多的负面情绪，这个时候妈妈不应该压抑女儿情绪的发泄，而是要鼓励她用各种不伤害自己和他人的方式发泄出来。

4. 大量阅读。妈妈可以找一些具有人生哲理的书籍给女儿阅读，让她从前人的智慧中找到解决自我烦恼的方法。而且阅读会使人心胸宽广，视野开阔。

5. 走进自然。和自然接触可以消除人身上背负的紧张、烦恼等情绪，帮助舒缓内心。

86. 告诉她吸烟的女孩不美

广告里经常出现这样的镜头：性感的模特用修长的手指夹着一根烟，嘴唇间缓缓呼出一口烟雾，微眯着眼睛看向远方。

于是很多女孩纷纷效仿，希望自己也能拥有那种魅惑的气质。

目前，女孩吸烟的现象已经不罕见了，但这样真的很美吗？

根据最近的一项调查显示，初中生中有近三成的女孩有过抽烟的经历，有五成的女孩表示并不反感这样的行为，并且有机会的话愿意尝试；将近七成的女孩认为，抽烟的女孩有一种独特的魅力，就好像已经脱离了小孩子的行列，是一个成熟的女性了。

女生为何爱上抽烟？究其原因，不外乎是青春期的荷尔蒙在作祟。

原因一：这个时期的女孩好奇心强，有的从小就看到爸爸抽烟的样子，到了初中后，又看到很多男生聚在一起吞云吐雾显得满足快乐，于是认为抽烟是一件非常有趣的事，就抱着试一试、体验一下的心态，抽起了第一根烟。

原因二：这个时期的孩子非常渴望成长，希望被当成大人来对待。吸烟让她们产生一种模糊了大人与孩子界限的错觉，仿佛手指夹着烟的时候，整个人就不一样了，觉得这是一种很美丽的感觉。

原因三：追时髦、随大流。当周围大部分的人都尝试过吸烟后，为了不让自己落伍，很多女孩也纷纷效仿，赶“时代潮流”。

原因四：模仿电影明星。电影里那些美丽非常的女人经常会抽着细长的女士香烟，这让她们看起来风情万种，非常吸引人。这个阶段的女孩都希望自己拥有一份不符合年龄的成熟的美，因而也点起了烟。

原因五：叛逆反抗。很多女孩得不到父母和老师的认可，遭到训斥后往往选择吸烟来作为一种抗拒、发泄的手段。

妈妈贴士：

如果你的女儿已经开始尝试吸烟，妈妈不要用打骂的方式处理，最好是通过讲道理来帮助她远离香烟。

1. 告诉女儿吸烟对身体的种种伤害。如吸烟会导致肺癌、心肌梗死、心脏病以及各种呼吸道、消化道的疾病，而且会影响以后的怀孕和孩子的健康。

2. 告诉女儿吸烟对自身的美丽会产生很大的伤害。比如牙齿会长烟垢、口气难闻、发质变差、早生皱纹、胸部发育不良、黑眼圈、毛孔粗大等。

3. 告诉女儿吸烟会使得女孩看上去没有精神，而且脾气暴躁，容易猜忌。

4. 告诉女儿与其把钱大量花在买烟上，不如买点漂亮的衣服首饰来打扮自己。

87. 酒精是女孩子的危险品

同学一起出去玩的时候喝酒是免不了的，以前都是男生喝酒女孩在一边看，但随着社会的不断变化，很多女生从滴酒不沾变成了千杯不醉。吃饭的时候，女生喝一杯酒往往引来一片喝彩，夸她豪爽、厉害。于是，很多女孩在错误的观念引导下将喝酒当成是一种平常的事情，毫不在意。

其实，这个年纪正是女孩长身体的阶段，酒精对她们而言是一种危险品。

危险一：喝酒会使人体缺乏多种营养。比如，长期饮酒会导致体内蛋白质、维生素、矿物质等减少。同时，喝酒会降低食欲，使女孩应摄入的食物量减少。而且，喝酒还会损伤肠黏膜，影响小肠对营养素的吸收。

危险二：酒中的乙醇会直接毒害肌体的组织器官。肝脏是对乙醇最敏感的器官，连续过量饮酒会损伤肝细胞，干扰肝脏的正常代谢，从而导致酒精性肝炎及肝硬化。而且过量饮酒还会影响脂肪代谢，引发一些病症。

危险三：对女生而言，月经期间喝酒更容易伤肝，并且有可能会导致酒精中毒。原来，月经来临之前及期间女性受体内荷尔蒙分泌的影响，酒精代谢能力下降，这样就无法快速地排出酒精，导致酒精变成了对身体有害的酸性物质。肝脏为了清除这些酸性物质就要不断地制造出酶，这样一来，就大大加重了肝脏负担，引发肝脏机能障碍。

危险四：月经期间喝酒，容易导致月经量增多。因为女孩经期身体虚弱，抵抗力较差，喝酒会加快血液循环，出血量增加。

危险五：很多女孩酒量不佳，和男孩一起出去喝酒之后，容易喝醉。这个时候其实是非常危险的，因为不能保证周围的人对女孩没有歹心，即使是同学也不能轻易相信。再说，很多男生当时也喝醉了，无论发生什么都是很恐怖的。所以说，妈妈要教女儿保护自己，任何时候都要保持清醒，不要被酒精麻醉失去了理智。

危险六：就算女儿是和朋友出去玩没有人身安全的问题，但也要注意一点，就是喝醉了之后大部分人都会吐，或者撒酒疯。不论是哪一种，都非常影响女孩在别人心里的形象。

所以说，酒精对女孩而言是非常危险的，一定要保护自己，远离酒精。

妈妈贴士：

如果女儿避免不了喝酒，妈妈不妨教她一些小方法，尽量减少酒精对身体的伤害。

1. 喝酒前，可以喝牛奶以减少对胃的伤害。

2. 喝酒时，可以吃西瓜解酒，但是不要喝茶。
3. 喝醉时，可以喝葡萄糖口服溶液来解酒。

88. 远离毒品，教导女儿珍爱生命

听到“毒品”这个词，很多妈妈都会不寒而栗，生怕自己的女儿沾上这些东西。可是在孩子进入青春期后，毒品、酒和香烟对她们的诱惑力会大大地增强，尤其是学校里有人在尝试这些危险的东西时更是如此。一项调查显示，在世界各地的吸毒人群中，青少年占有很大的比例，个别地区甚至高达80%。更令人担忧的是，世界各地，包括中国的某些地区，在校中小学生的吸毒者比例越来越高。

云南省艺术学校一名19岁的女生以跳孔雀舞而在娱乐圈里小有名气。她第一次吸毒是因为胃疼，听人说吸了马上就不疼。没想到从此一发不可收拾，每天茶饭不思、不跳舞也不参加演出。就因为一时失足，她葬送了自己美好的艺术青春，一个花季的少女就这样被毒品无情地腐蚀了。

青少年吸毒，不但对其本人的身心健康造成了严重的危害，对家庭更是造成了致命的打击，对社会的危害也是难以估计的。由于青少年大都没有固定的收入，同时正值求学阶段，一旦吸毒成瘾，随之而来的就是坑、蒙、拐、骗、偷甚至卖淫等犯罪活动的出现，以贩养吸、拉人下水、结伙犯罪等现象更是屡见不鲜。

青少年误入歧途的原因有很多。据了解，绝大多数青少年最初染上吸食毒品的恶习主要是由于年少无知，缺乏对海洛因、摇头丸、冰毒、软性毒品足够的认识和识别能力。

同时，家庭教育对青少年形成健康的心理有至关重要的影响。研究人员发现，两类家庭的青少年吸毒率较高，一种家庭是成员关系紧张，动荡不安，经常发生激烈冲撞和矛盾；另外一种家庭是成员关系松懈或已经分

裂，成员之间漠不关心。专家们说，尽管一些父母自己不具备吸毒的某些性格和习惯，但如果教养方式不当，孩子会形成倾向于吸毒的潜在性格，所以预防青少年吸毒，让青少年远离毒品，家庭教育很重要。

妈妈贴士：

既然毒品的危害如此之大，那么该如何教导女儿珍爱生命，远离毒品呢?

1. 妈妈要以身作则，不吸毒，不赌博，不嗜烟酒，树立良好的榜样，并注意家庭建设，营造和睦的家庭氛围。

2. 妈妈应该充分认识到毒品的危害，了解毒品的基本知识，加强对青春期女儿的毒品预防教育。要告诉女儿吸食毒品的危害，无论什么原因都不能沾染毒品，但对女儿的教育方式要适当，谨防产生逆反心理。

3. 关心女儿的精神生活及健康成长，经常帮助女儿解决好学习、生活中遇到的各种困难及问题。教育女儿结交朋友要慎重，鼓励女儿结交志趣高尚，有理想抱负、有才华的朋友。

4. 妈妈应教给女儿一些具体的防止被犯罪分子利用的策略，让女儿从小学会拒绝陌生人的搭讪、诱骗，不接受陌生人的礼物，不吃陌生人给的任何东西，不去毒品犯罪较为猖獗的场所等。平时要注意女儿与哪些人结交朋友，到哪些地方娱乐，如果发现女儿交往的人和经常光顾的地方不利于其健康成长，要及时纠正和疏导。

89. 脾气暴躁，女儿的情绪容易失控

青春期的教育一直是令妈妈头痛的问题，不论是好言相劝，还是强硬命令，孩子都是软硬不吃，让妈妈十分无奈。

同时，妈妈发现这个时期的女儿情绪非常不稳定，经常为了一点小事就情绪失控，哭闹不休。

上星期，琪琪的妈妈带女儿去理发店剪头发。琪琪现在正是初三最紧张的时候，平时没有什么时间打理头发。好说歹说，劝了一个月，女儿终于同意剪头发了。剪完之后，妈妈发现女儿的情绪有点不大对劲，刚到家，女儿就把地上的拖鞋往墙上使劲扔了过去。这可吓坏了妈妈，原来女儿对新发型非常不满意，觉得和当初说好的长度不一样，受到了欺骗，妈妈却觉得这个发型很适合女儿。母女俩为了头发的事吵了起来，其间，琪琪的情绪越来越失控，把自己房间里的东西能砸的都砸了。妈妈实在不理解，剪头发这种女儿自己答应的小事，为什么会让她如此失控？

其实，琪琪如此失控的真正原因并不是出在头发上。一开始，剪头发就不是出于琪琪的本意，可以说是半强迫性质的行为，琪琪的心里难免有怨言。后来琪琪觉得头发剪得不合心意只是一个导火索，将她无法决定自己事情的不满趁机发泄出来，并且一发不可收拾。

这个年纪的孩子自制力较差，无法完全控制自己的情绪。更何况现在大部分家庭都只有一个孩子，这让她从小就不懂得什么是自我约束。再加上父母过分的宠爱，她一旦有什么不满就直接发脾气，从来不会考虑他人的感受。

随着青春期自我意识的逐渐增强，在这种强烈渴望独立的心情下，如果妈妈还是一味像以前那样要求女儿做一些事情，势必会导致她情绪的不断波动。长此以往，积聚在心里的坏情绪将会愈积愈多，最终大爆发，造成巨大的伤害。

妈妈贴士：

面对女儿公主式的刁蛮坏脾气，妈妈要想办法安抚女儿的情绪，进而帮助她改掉坏脾气。

1. 日常生活中，要学会和女儿商量沟通，不要一味用命令的口吻要求女儿做这做那，不然，很容易激起女儿的逆反心理。也许当时没有爆发，可一旦爆发，女儿的情绪就会非常容易失控。

2. 可以通过培养女儿的某种艺术爱好，比如弹琴、画画、写毛笔字、下棋等，陶冶女儿的情操，舒缓她的情绪。

3. 当然，日常生活中的关心是必不可少的。妈妈如果能给女儿足够的关心，女儿的脾气是不会太差的。

4. 看书也是培养人心性的好方法，阅读会让人明智。孩子懂得了大道理，学会了自我控制，自然就不会老发小脾气了。

90. 当孩子习惯撒谎

从小妈妈就教导孩子，要做个诚实不撒谎的好孩子。我想，大部分的孩子都记住了妈妈的话，从小就要求自己不撒谎。但是随着年龄的增长，她们的生活社交圈越来越大。女儿看到、听到许多自己以前不曾接触过的事物，对这个社会的看法也有了改变。随后妈妈会发现，原本单纯的孩子竟然开始撒谎了。

萍萍刚上初二，刚开始，妈妈问萍萍学习情况，她还会实话实说。可后来，妈妈偶然发现萍萍居然在撒谎。比如没有及格的卷子自己用红笔改成及格，问她班上其他同学考得怎么样，她只是说卷子难，大家都考得不好。有时候，明明要补课女儿也说不用补，自己在家里玩，直到老师打来电话妈妈才知道真相。妈妈发现，女儿就像是习惯了撒谎一样，居然脸不红心不跳地随口就来，想都不用想一下。妈妈完全不知道该如何处理女儿的情况，既不好当面戳穿，也不能再让她如此下去。

根据美国奥马哈儿童医院的琳达·麦迪生博士的调查，90% 以上的孩子都对父母撒过谎。对他们而言，说谎话只不过是成长过程中的一个阶段。

其实，当妈妈发现女儿撒谎的时候，最先要想的不是如何指责女儿、纠正女儿，而是要好好反思，是什么原因导致了女儿的习惯性撒谎。

原因一：逃避责任。《父母》杂志的顾问约翰·高特门博士说道："孩子们往往以为如果没有人看见他们做坏事，他们就可以逃避责任。"也就是说，这个年纪的孩子缺乏承担责任的勇气和意识。

原因二：保持形象。没有孩子不喜欢被夸赞，从这一点来看，孩子都希望在父母心里有一个好孩子的形象，他们为了维持这个形象，不惜用谎言来掩盖自己错误的行为。

原因三：引起注意。这是比较特殊的一种情况，很多孩子的谎言仅仅是为了引起他人的注意，因为他们自以为除了编造的事情外，自己身上没有可以吸引人的地方。从某个方面来说，这也是缺乏自信、过度自卑的体现。

原因四：寻找刺激。孩子的撒谎都是没有恶意的，他们随口说出的话也许是无心之失，可能只是出于好玩，或者说是为了寻找那种被禁止的刺激感。

原因五：保护自己。一些家长在问及孩子成绩的时候，如果发现孩子考得不好就会大发雷霆，很多孩子害怕受到责罚，于是便选择用谎言来保护自己。所以说，孩子的谎言和家长的行为是分不开的。

如果你的女儿有撒谎的行为，这时候妈妈就要好好地考虑一下，是什么原因导致女儿说谎的。前苏联教育家马卡连柯说过：“忠诚老实不是从天上掉下来的，而是在家庭中养成的。在家庭中也可能教养成为不忠诚老实的人，这完全取决于父母的教育方法。”

所以，如果你的孩子撒谎了，请妈妈先从自身反省，然后开始重视这个问题，千万不能因为是小事儿就忽略。殊不知，再小的谎言也要用一千个谎言去圆。

妈妈贴士：

麦迪生博士说：“你无法保证孩子永不撒谎，但是，你对撒谎行为的反应却会影响到他们是否会继续撒谎。”所以妈妈要谨慎处理孩子的撒谎问题。

1. 稳定情绪。发现孩子撒谎的时候，应该轻声问孩子为什么撒谎，而不是发火、打骂孩子。这样女儿才会明白，妈妈希望自己说真话，从而降低孩子进一步撒谎的可能。

2. 找出原因。尝试从女儿的角度去看待问题，找出撒谎的真正原因，而不是揪着女儿撒谎的问题不放。

3. 区别对待。孩子需要被责罚的事和撒谎的行为要分开处理，引导女儿思考正确的做法，并且认识到撒谎的错误。

4. 言传身教。平时，妈妈不要在无形中诱导孩子撒谎，并且要时时刻刻给女儿做诚实的榜样。

91. 离家出走，如何拉回出走的心

报纸上经常有父母寻找离家出走的孩子这样的报道，所以我们不得不正视孩子离家出走的现象。特别是女孩，与妈妈一时怄气就离家出走。如果身上带了钱并且有明确的目的地还好，就怕孩子是忽然起意，钱也没带多少就跑了出去，被人骗不说，可能还会有人身安全的隐患。

青春期的孩子离家出走往往有着各种各样的复杂原因，如果从社会心理因素分析的话，一般有以下几个方面原因。

原因一：压力过大。根据调查结果显示，大部分出走的中学生都是心理长期压抑，无法忍受后妄想通过离开家来逃避这一切。这种压力大多来自望女成凤、望子成龙的父母、殷切期盼的老师以及互相竞争的同学。

原因二：逆反心理。很多孩子进入青春期后变得异常敏感，容易和学校或者家庭里的成员产生矛盾冲突，在无法调节的情况下选择出走来表达自己的反抗与不满。

原因三：负担过重。这个时期的孩子学习负担很重，当这种负荷超过了孩子的承受能力时，就会产生厌学情绪。孩子通常是以离家出走的方式来逃避学习。

原因四：认识不清。很多女孩容易被外界的不良信息误导，认为读书没有用，将视线转移到读书以外的事情中去，最终以离家出走的方式实现自己所谓的梦想。

原因五：盲从心理。很多孩子从电视、报纸中看到别人离家出走，认为这是一种正常的现象，于是纷纷效仿。

原因六：偶然冲突。青春期的女孩和妈妈之间往往冲突不断，一旦女儿的情绪崩溃，她就会不理智地冲出家门，或者偷偷离家出走，用行为来表达自己的愤怒与不满。

总而言之，女儿离家出走的本质是面对着巨大的心理压力，无法解脱，于是选择一走了之。

其实，离家出走并不能解决问题，反而会给孩子带来新的挫折和压力，甚至是灾难，而这一切是年少无知的孩子所不能预测的。

告诫妈妈，关心孩子的时候不能只注重物质上的满足，更要注重思想

上的沟通。

妈妈贴士：

对妈妈来说，要怎样防止孩子离家出走呢？

首先，妈妈要注意观察孩子的情绪变化。如果孩子内心发生了冲突或者正承受着某种压力，妈妈要及时地发现并开解，千万不能忽视。

其次，妈妈要经常和女儿沟通感情。不能因为工作忙而忽视了孩子的感受，要让孩子感受到家庭的温暖，感受到父母的爱。

最后，要科学地管教孩子。比如孩子犯了错，简单的打骂或者说教都是没有用的。妈妈应该从起因入手，详细了解事情的经过，全面分析犯错的原因，然后再决定如何惩罚孩子。惩罚是一种教育的手段，目的是让孩子意识到必须为自己的错误付出代价，而不是单纯的肉体或者精神折磨。

92. 背道而驰，乖女儿为何喜欢唱反调

青春期的到来，女孩的生理变化引发了心理变化。遗憾的是，身体上的发育并没有带来心理上的成熟，女孩变得脾气古怪，出现了逆反心理。

“璐璐，妈妈给你买的新衣服，好看吗？”妈妈拿着一条粉红色的裙子问13岁的女儿。璐璐坐在沙发上，看了一眼就说道：“不好看，我不喜

欢。”“你以前不是最喜欢粉红色的裙子吗?”“你都说是以前啦，我现在不喜欢了行不行啊。”妈妈无可奈何地摇了摇头，最近一段时间，女儿似乎特别爱唱反调，只要是自己让她做的，给她买的，她一律摇头，没有任何理由。这让妈妈非常生气，认为女儿是故意和自己唱反调的。

其实，青春期的女孩正处于开放性与封闭性的矛盾之中，一方面她们有着强烈的成人意识，要求自己的事情自己做主，渴望和妈妈平等交往，敞开心扉坦诚相待；另一方面父母还停留在爱给孩子包办的行为中没有走出来，总是认为自己的女儿还小，一切都还需要自己做主。这种矛盾让女儿的内心出现了巨大的失落，于是开始和妈妈唱反调，以此发泄内心的逆反情绪。但是，这种逆反情绪堆积太多，会给女儿成长造成危害。

危害一：盲目性。爱唱反调的孩子，遇到任何事情都有意抵制，听不进任何劝阻。这种不顾一切的行为会导致不良后果。

危害二：抵触性。女孩平时在家里习惯了唱反调，到了社会上也会无意识地对抗社会行为规范。

危害三：放纵性。爱唱反调的孩子从来不去分辨妈妈的劝阻是正确的还是错误的，一律一棍子打死，我行我素。

危害四：极端性。女孩如果爱唱反调，容易导致她们一味地抱着与他人或外界对着干的心理，并以此来处理遇到的一切事情。

妈妈贴士：

如果你的女儿爱唱反调，那么这个时候你该怎么办呢?

1. 开导为主。这就需要因人而异，针对女儿不同的行为特点，找出具体原因，从根源上进行教育。

2. 加强修养。要让女儿学会分析自己的心理状况，学会自我调节。

3. 缩小差距。不能让女儿和妈妈之间出现一道无法逾越的鸿沟，平时要多沟通。

4. 稳定情绪。妈妈尽量不要引发孩子的逆反情绪，如果孩子情绪激动，妈妈要先冷静下来，再安抚女儿的情绪。然后通过商量、探讨，用平等协调的手段解决问题。

第十章 “妈妈，我有问题想问您！”
——青春期女儿不愿公开的秘密

每个人的内心深处都有一些不愿意公开的秘密，青春期的女孩更是如此。她们内心敏感细腻，对很多问题充满好奇甚至是困惑，却因为觉得“害羞”或者“羞耻”而迟迟不敢开口询问。如果问题越积越多，最终可能会对身心发展造成伤害。这个时候，妈妈就要学会洞察女儿的心思，将那些女儿不愿意公开的私密，变成两人共有的小秘密。

93. 性是什么

青春期对身处其中的少男少女而言，既感到神秘又有些恐惧。特别是在面对身体的某种冲动时，孩子不知用什么样的态度去对待，于是，“性”这个字便有了羞耻的颜色。到底“性”是什么，需要妈妈给予正确的引导。

15 岁的辛辛今年刚上初三，一天中午她满脸通红地回来，将一张调查问卷放在饭桌上。妈妈拿过来一看，是一张“青春期生理状况调查表”。据女儿说，这是今天上生理卫生课的时候老师发的作业，要求每个人填完了不记名交上去。妈妈仔细看了一下，发现里面有很多关于“性”的问题，这大概是女儿觉得难以下笔的原因。妈妈询问了女儿的看法，女儿想了半天，不知如何回答，只说觉得很恶心，不愿意答这种问卷，并且对学校开设这门课表示反感，每次上课的时候大家都很尴尬。

随着社会的发展，我们越来越认识到普及性知识对于青春期少年的重要性，许多学校也开设了与青春期生理心理相关的课程。但我们会发现，有些仅仅是一种形式，很多老师并不会真的给学生上课，而有些学生则简单地将“性”定义为恶心邪恶的东西，上课的时候男生会起哄，女生则羞得抬不起头。

性是人的本能，是人类繁衍后代的一种手段，也是人类生活中最隐秘的部分。在女孩成长过程中，由性而引起的困惑乃至心理障碍是她们普遍面临的问题。如果妈妈总是避而不谈，甚至对提出相关问题的女儿进行责怪辱骂，就会给她留下“性”是肮脏的、谈“性”色变的阴影，影响她以后的正常生活。比如，有的女生一直认为自己的器官发育有问题，忧心忡忡又羞于去询问相关人士，整天萎靡不振，导致成绩下滑。就算后来检查发现没有问题，可她的身心健康已经受到了很大影响，这就是对“性”知识无知的后果。

所以，当妈妈在遇到女儿提出这类性问题时一定要正面应对，耐心解说，不能采取训斥或鄙视的态度，不要让孩子形成“性是可耻”的观念。

妈妈贴士：

妈妈在帮女儿树立正确的性观念时，应该注意些什么呢?

1. 妈妈在和女儿交谈此类话题时，一定要表现得自然和坦然，把它当成人生成长中一个正常的现象，绝不能用尴尬或者羞耻的口吻来谈。要知道，你越紧张，女儿比你还紧张，你越遮掩，女儿会更加好奇。

2. 网络的复杂性让很多妈妈担心，这时候建议妈妈用一些辅助软件来自动过滤不健康的网站。要知道“性”知识和“黄色信息”有着本质的区别。

3. 指导女儿看一些普及性知识的健康读物，让女儿通过正常途径获知正确的性知识，树立正确的性观念。

94. 为什么会“性好奇”

身体的变化总会给青春期的孩子带来强烈的好奇心和神秘感，少男少女们开始对自己和异性的身体变化产生兴趣。这是性生理发育的必然产物。

可惜的是，能够通过正确渠道给孩子的知识非常有限，一些女孩偷偷到拥挤不堪的书店里翻阅一些与妇科相关的医学书籍，还要防着周围有熟人或同学，做贼一般心虚。

据调查，书摊上的各种书籍是青少年性知识的主要来源。孩子既不愿问父母，也不想找老师，最多和玩得好的朋友偶尔交流一下，可惜朋友自己也是一知半解。

我们会发现，无论这个探求的过程多么困难，孩子都不会放弃那份对性的好奇，我们将这称为“性好奇”。

上海性社会学研究中心对2000多名性犯罪分子进行过一次调查，结果发现，男性犯罪分子实行性犯罪的第二位动机居然是“好奇与模仿”，并且高达35.8%。

一个原本聪明好学的女中学生，因为被许多言情小说中男女情爱的情节迷住了，所以她在日记里写道：“男女之间的情爱是什么感觉呢，‘上床’又是什么滋味呢？我觉得我需要亲自试一试，如果没有切身体会，是写不出真实情感的。但是这种事很危险，只能试一次，就一次，绝不多试。”可是，她在“试”了一次之后，就再也无法控制自己，从此一发不可收拾，最终堕落成了一个女混混。真是好奇心害死猫呀！

从这里我们可以看出，妈妈正确对待女儿的好奇心，对于她的性心理的健康发展有着非常重要的作用。在这个好奇心萌发的时期，妈妈千万不能明令禁止女儿问与性有关的问题，更不能采用暴力手段控制女儿的好奇心。

清末的思想家、政治家谭嗣同说过：“性就像放在箱子里的一件东西，越不让人看则越想看；干脆打开让人们看，也就没有什么了不起了。”与其让女儿通过不正常不正确的途径获取性知识，不如由妈妈大大方方地把科学的性知识告诉她，彻底消除这种神秘感，让女儿学会用科学的知识武装自己，防范不健康思想和行为的侵蚀。

还有一点好处就是，性教育并不只是性知识的教育，它还是爱的教育。它将教会孩子们什么是爱，如何去爱，如何做人，如何处理人际关系，如何保护自己，如何爱护尊重他人。

健康的性知识与道德教育相辅相成，孩子们只有具备了科学的性知识，才能更好地用性道德准则来约束自己，保护自己。

妈妈贴士：

随着性生理成熟的到来，青少年的性意识开始觉醒和萌发，那么女儿的“性好奇”表现在哪几个方面呢?

1. 最直接的表现就是对性知识发生浓厚兴趣。大人和社会的封闭激起她的逆反心理，她开始从一些不健康的书籍和网站中寻求信息。

2. 喜欢接近异性。在性激素的作用下，女儿产生爱慕异性的心理是合情合理的，这是她性心理萌发的体现。

3. 具有性欲望和性冲动。这是由性成熟后性激素水平迅速升高所导致的，女儿开始喜欢看言情小说，性欲强烈时还会发生手淫的自慰现象。

95. 什么是处女

青春期的孩子总有着一份好奇心，对听到、看到的一切新奇事物都非常敏感，往往要打破沙锅问到底，一旦父母采取回避的态度，就更加激发了他们要探得真相的好奇心。

现代社会不论是电视媒体还是网络传媒，都在快速地向孩子们灌输一些知识，从一些文学作品或者电视节目中，你的孩子也许会知道“处女”这个词。

莉莉说她12岁的时候知道“处女”这个词，是通过当时热播的一部电视剧。具体故事情节不大记得了，唯一印象深刻的，就是女主角泪流满面地说自己不是处女，很脏，没有资格得到男主角的爱情。天真的莉莉就问妈妈：“那个姐姐哪里脏啦？处女是什么？”爸爸妈妈面面相觑，半天才说一句：“小孩子不需要知道。”升上初中的那年暑假，莉莉在一本小说里再次见到这个词，一时好奇就查了字典。“狭义上来说，处女是指没有发生过阴道性交的女子，即指男性阴茎插入女性阴道的性交，和因性交而令处女膜破损的性交。”当时看到这句话，莉莉吓了一大跳，觉得满脸通红慌忙把字典放了回去，心脏还怦怦跳个不停，就怕被妈妈发现自己的行为。

其实，莉莉的妈妈错过了一次绝好的教育女儿的机会。如果那个时候把女儿带进房中，柔声和她讲解处女的定义，并且借由电视的情节教导女儿洁身自爱、修身养性，就再好不过了。

在现实生活中，我们很少谈及“处女”这个词，如果说到，必然是和道德相联系。一些持保守道德观念的人认为“处女”代表女子纯洁，这是一种极高的道德价值观，并为很多人所接受。很多父母对女儿管教甚严也多出于这种考虑，可惜，父母的保护始终有限，最好的方法是女儿自我保护，这也就需要妈妈普及相关知识，树立正确的性观念。

纵观整个社会，性自由特别是“性解放”的呼声越来越高，造成很多尚且是初中生的少女形成了错误的价值观，认为这个时代哪还有什么处女，哪还有人在意处女。认为处女的定义就是那一层薄薄的处女膜，没有任何意义，只会束缚人的身心自由而已。洁身自好就是封建落伍地坚守那一层膜而已。不得不说，这是这个时代的一种悲哀，也是妈妈教育的失败。

长久以来，传统观念将处女膜定义为处女的标志，这的确是一种封建的思想，太过片面，绝不能单纯地从处女膜的完整性来判断女性是不是处女。比如，有些女性确实没有发生过性生活，却因一些意外而使得处女膜发生了破裂。而有些女性处女膜虽然完整，但却发生过性生活。这是因为这些女性的处女膜较松弛，处女膜孔也较大，在性交后处女膜可以不发生破裂。

也就是说，处女膜的破裂与女性是否发生过性行为并无必然联系，也就更不能单凭处女膜的完整性来判断一个女性是否为处女。

既然处女膜与处女并没有绝对的联系，那么是不是意味着保持处女之身就没有任何意义呢？

其实不然，“处女”对未婚女性特别是青春期的少女而言，是一种典型的保护自己、洁身自好的含义。现今社会，很多人鄙视持有“反对婚前性行为”这个观点的人，认为是否定自身正常需求的表现，是封建保守的代表。还有人认为，是否发生婚前性关系是每个人的自由，他人无权干涉，也没有立场批判。但是，从道德层面来说，我们反对不负责任的性行为，如一夜情、滥交等，反对过度的“性自由”，这不仅是对自己的不尊重，也是对他人的不负责。

可悲的是，这个社会所折射出的过度“性自由”正是青春期缺乏正确引导所致。因此，对妈妈来说，在女儿青春期时通过对“处女”这个词的意义解释，使她在内心深处形成一种自尊自爱、洁身自好的观念是极有必要的。

妈妈贴士：

虽说处女膜与处女之间并没有必然联系，但是处女膜意外破裂，对于女儿的心理状况以及未来的家庭婚姻生活可能会产生一定的影响，因此在日常生活中，要教导女儿适当注意一些行为。

1. 从事跳高、骑马、武术等剧烈运动易导致处女膜破裂。

2. 清洗外阴部或使用内置式卫生棉条不当，也有可能造成处女膜破裂；一些女生年幼无知，将异物塞入阴道以及手淫等，也会使处女膜破裂。

96. 接吻就会怀孕吗

接吻是每个少女必然会经历的一种美好体验，但是相关知识的贫乏使很多少女在偷偷接吻后有了心理负担，那就是接吻会不会怀孕?

灵灵的妈妈发现，15 岁的女儿最近有点不对劲。眉头紧锁似乎有什么事情在困扰着她，每次问的时候她就支支吾吾地说没有。直到昨天，女儿忽然一个人在厕所里哭了起来，在妈妈的再三逼问下才知道，女儿这个月的月经迟迟没有来，她听说月经没来就是怀孕了，害怕得不得了。妈妈一听吓蒙了，女儿为什么会以为自己怀孕了？难道……幸好，灵灵吞吞吐吐地把事情的经过告诉了妈妈，原来她在班上偷偷交了一个男朋友，前几天因为好奇两人偷偷试着亲了一下，可后来灵灵听人说，接吻就会怀孕，这才后怕不已，怕自己15 岁就要当妈妈了。妈妈听后长叹一口气，不知道说什么好了。

从灵灵的例子中，大概很多人会感慨，现在小孩的性知识竟然贫乏到这个地步，居然以为接吻就会怀孕。其实，像灵灵这样的女孩并不在少数。

我想，不少妈妈都曾经被问过诸如“妈妈，我是哪里来的”这种问题，大部分的妈妈会以“你是我从垃圾堆里捡来的”这类的话来搪塞，并没有正面回答孩子的问题，原因是她们觉得，孩子还太小，不能太早知道这种事情。

殊不知，正是这种“掩耳盗铃”的心态，才造成很多女孩对性知识知悉不多，甚至在“偷吃禁果”后意外怀孕。想想看，不知道女性为何会怀孕的少女们，又怎么可能懂得如何避孕呢？正是这种无知才造成了不可挽回的伤害。

妈妈应该告诉女儿：女性的卵子遇到男性的精子后，形成受精卵并在子宫腔内种植、生长发育而形成了胎儿，这个过程叫做怀孕。

妈妈贴士：

当妈妈认为孩子太小，根本不懂什么是怀孕的时候，其实女儿已经对怀孕有了自己的理解了。在这里列举几点女孩的认知误区，帮助妈妈及时进行纠正。

1. 一些女生认为，接吻会怀孕，甚至吃男生给的东西、喝男生喝过的水也会怀孕。

2. 有些女生认为，和男生牵手就会怀孕。

3. 还有些女生则认为，坐男生坐过的凳子就会怀孕。

4. 还有一小部分的女生相信了妈妈的“孩子捡来论”，以为孩子都是想要的时候就能捡的，和男生没有关系。

应该说，这些错误观念的形成，与妈妈的不正确教育密切相关。对此，妈妈要进行反思，及时调整自己对性认知的心态，帮助女儿走出误区。

97. 青春期性行为有危害吗

越来越多的焦点集中在了少女意外怀孕的问题上，我国也专门设立了少女救助站以帮助那些意外怀孕而不知所措的女孩。但这个现象也反映出一个严重的社会问题，那就是青春期的性行为往往缺乏安全意识和责任意识。

美国一项调查显示，约有53%的中学生曾有性行为的经历，每年大约有四百万青少年做人工流产的手术，在15～19岁的青少年中有1500万生了孩子，1亿青少年感染性传播疾病。据我国一项“2000名未婚人工流产青少年生殖健康情况调查”表明，有多次人工流产史者占35%，有性传播疾病感染者占38.5%。

这样一个惊人的数据向我们揭示了一个严峻的社会问题，那就是青春期性行为的发生率不断提高。

一般青春期的性行为是伴随着早恋发生的，青春期的少男少女频繁接触，难免会产生性的欲念。这使尚且天真的少女怀揣着一颗奉献爱人的心情，以身相许。殊不知，青春期的少女，身体各器官正处于生长发育阶段，尤其是内外生殖器还没有完全发育成熟，这种无计划、无保护的青春期性行为对女孩有着非常大的危害。

首先，青春期性行为会造成生殖器管道感染及损伤。青春期少女生殖管道发育尚不成熟，外阴及阴道都很娇嫩，性交时可造成处女膜的严重撕裂，导致大出血。同时，由于此时少女的自身防御机能较差，性交带入的一些病原微生物和污垢可能造成尿道、外阴部及阴道的感染。

其次，青春期性行为容易造成非意愿怀孕。青春期的少女在月经来潮以后，卵巢便开始排卵，此时少女往往不懂得采取有效的避孕措施，极有可能导致怀孕。有些少女害怕家人知道，偷偷吃一些堕胎药，结果给身体造成很大的伤害，就算到医院进行人工流产也可能引起一系列的并发症，如感染、出血、子宫穿孔以及婚后习惯性流产和不孕等。

再次，青春期性行为会严重影响心理健康。少女发生性行为时往往是在十分紧张的状态下偷偷摸摸进行的，既缺乏必要的准备，也害怕被发现。事后一部分的女生会产生恐惧感、负罪感及悔恨的情绪，形成心理阴影影响以后的正常生活。

最后，青春期正是学习文化知识的时期，如果过早追求性刺激，必然会影响到学习，耽误了大好的青春年华，日后悔恨晚矣。

从以上几点可见，青春期性行为，对女孩有着可能延续一辈子的伤害。

妈妈贴士：

为了不让女儿在以后的日子里为自己年少无知的苦果埋单，妈妈应该及早预防青春期性行为的发生。

1. 和女儿谈心，教导她爱惜自己的身体，珍视自己的感情，不要他人说什么就做什么，无论什么事情都要自我独立思考，看看对自己到底是利是害。

2. 详细讲解性知识，预防意外怀孕，教会女儿做好性交前保护措施。

98. 意外怀孕了怎么办

少女对避孕的知识了解非常少，只要发生了性行为，都会有可能出现意外怀孕，这个时候，女孩子会感到害怕、急躁、担心，还会对身心造成伤害。

17 岁的冉冉在意外怀孕后，因为缺乏性知识，直到怀孕 6 个月后才发现自己怀孕了。一时间慌乱至极，从家里偷了一点钱就到附近的小诊所里购买了药物，实行药流。结果肚子疼了一个晚上也没有成功，最终被妈妈发现，带到正规的妇产科就诊，此时冉冉已经出现休克，生命危急。幸好医师检查后及时将腹内的死胎去除，这才救了冉冉一命。

未成年少女的卵巢重量只有成年人卵巢重量的 30%，子宫也不成熟。这时候怀孕或者生育对母亲和孩子来说都有相当大的患病和死亡的危险性。有些少女怕被别人知道自己怀孕，不去正规医院，而去条件较差的小诊所去做人工流产，结果可能会引发并发症，对身体造成很大损害。因此，一旦发现意外怀孕，女孩应做到以下几点。

首先，及时告知妈妈。大多数未婚少女在父母面前承认怀孕时，都会产生恐惧心理，害怕父母的指责。其实大多数父母知道后会有很大反应，甚至很愤怒。但是他们最后还是会了解你的苦恼，也明白你需要帮助，所以一定会是第一个帮到你的人。

其次，去正规医院接受医生的指导。大多少女由于羞涩而不敢和医生交流，觉得很尴尬。其实这个时候你最需要医生帮助你减少顾虑，了解自身的状况。

再次，选择最佳时间做合适的人流。人流的最佳时间一般是停经 40 天后，经检查诊断确实怀孕，此时做人工流产手术最合适，手术成功率高，出血也不多，痛苦较轻。

最后，人流后精心调养身体。至少要休息 2 周，期间禁止性生活，不适宜进行剧烈活动和繁重的脑力劳动，一个月内禁止游泳、盆浴。术后身体抵抗力下降，应注意局部卫生，防止感染的发生。

妈妈贴士：

如果女儿意外怀孕，记得不要忙着责怪她，而是带她到正规医院做检查，并做好心理抚慰工作。一般来说，在怀孕的最初12周内做人工流产相对安全。为了最大限度地保护女儿，减少意外怀孕的伤害，妈妈应该从以下几点教导女儿如何在初期辨别是否怀孕，有备无患。

1. 月经停止。这是最明显的怀孕症状，但并不是绝对性的。

2. 乳房刺痛、膨胀和瘙痒。这是怀孕早期的生理现象，还包括乳晕颜色变深、乳房皮下的静脉明显、乳头明显突出等变化。

3. 常有恶心、呕吐的感觉。这是怀孕初期常有的症状，尤其是在早晨。

4. 皮肤颜色变化。这在怀孕后期更为明显。

5. 容易疲倦。怀孕初期常常会很想睡觉。

6. 尿频。一般发生在怀孕12周后。

99. 什么是艾滋病

艾滋病病毒是一种会攻击人体具有击退疾病功能的免疫系统的病毒。也就是说，如果感染了艾滋病病毒，那么这种病毒就会削弱免疫系统，人体就容易感染机会性感染病，比如肺炎、脑膜炎、肺结核等。一旦发生机会性感染，就被认定是得了艾滋病。其实，艾滋病本身不是一种病，而是一种无法抵抗其他疾病的状态或综合症状。人不会死于艾滋病，而是会死于与艾滋病相关的疾病。

联合国艾滋病规划署最新的报告显示，到2007年为止，全球3320万名艾滋病病毒感染者中，15～24岁的青少年高达1000万人。在当年全球新增艾滋病病毒感染者中，15～24岁的青少年占40%。

艾滋病患者低龄化现象已经成为一个严重的社会问题，究其原因，无非是青少年缺乏正确的艾滋病知识，不懂得如何保护自己，预防艾滋病。

联合国艾滋病规划署《2008年全球艾滋病疫情报告》中指出，中国青少年能正确掌握艾滋病预防知识的仅有41%，距离联合国大会艾滋病特别会议承诺宣言中设立的“到2010年，至少95%的15～24岁的青年男女能获得预防艾滋病病毒感染的信息和教育”这一目标还有很大的差距。

根据最近的一项调查表明，大部分青少年已经基本形成预防意识，但这种了解还比较肤浅，若被问到“艾滋病是否可治愈，自己是否有感染艾滋病的可能，安全套是否可以预防艾滋病”等问题时，大部分少年不知如何回答。甚至很大一部分少年认为，艾滋病离自己很远，就算发生性行为也不知道用安全套保护自己。

其实，艾滋病病毒感染者虽然外表和正常人一样，但他们的血液、精液、阴道分泌物、皮肤黏膜破损或炎症溃疡的渗出液里都含有大量艾滋病病毒，具有很强的传染性；乳汁也含病毒，有传染性。唾液、泪水、汗液和尿液中也能发现病毒，但含病毒很少，传染性不大。

根据国家人口和计生委、联合国人口基金、教育部和欧洲前景集团、英国国际发展部等多项调查可知，在2500名15～20岁的年轻人中，有

50%不能说出一种保护自己不受艾滋病病毒感染的方法；3087名12～20岁的年轻人中，69%认为与感染者共用筷子就可能染上艾滋病病毒，或者“不知道”共用筷子能否染上艾滋病病毒；在16～60岁的人群中，高达60%的人说他们“不愿意和有艾滋病的人一同工作”，只有44%的人说他们会“照顾患有艾滋病的亲属”；51%的人认为一旦家庭成员感染上艾滋病病毒，他们希望为这名亲属保密。

从上面的数据可知，只有一小部分的青少年对艾滋病有正确的认识态度，甚至有相当一部分的青少年不能正确对待和感染者的正常接触，仅有1.4%的人真正加入到帮助艾滋病患者的志愿者的行列。

其实，已经证实的艾滋病传染途径主要有三条，分别是性接触传播、血液传播和母婴传播，其核心是通过性传播和血液传播，一般的接触并不能传染艾滋病，所以艾滋病患者在生活当中不应受到歧视，如共同进餐、握手等都不会传染艾滋病。另外，艾滋病病毒非常脆弱，如果离开人体，暴露在空气中，没有几分钟就会死亡，其传播力并不是很强。妈妈应该帮助孩子正视艾滋病感染者，而不是歧视。

妈妈贴士：

女性是艾滋病传播中最大的受害者，相较男性而言在性行为中更容易感染艾滋病，青春期的少女缺乏自我保护意识，容易被引诱发生性行为，更糟糕的是不懂得用安全套来保护自己，一旦感染艾滋病，后果不堪设想。妈妈在日常生活中应该对孩子多加提醒。

1. 告诫女儿要洁身自爱，避免婚前性行为，不乱交、滥交，如果发生意外的性行为，一定坚持使用避孕套。

2. 远离毒品。

3. 告诉女儿不擅自输血和使用血制品，不与他人共用注射器。

4. 让女儿不要借用或共用牙刷、剃毛刀、修眉刀等个人用品。

5. 提醒女儿，避免直接与艾滋病患者的血液、精液、乳汁和尿液接触。

100. 手淫可耻吗

自慰，也称为手淫，自慰的方法有很多种，且不一定非要用手。它是一种很常见的现象，在青春期的男孩中尤为普遍。但是，很多人可能不知道少女手淫也广泛存在着，只不过比男性更为隐蔽而已。

20 世纪 50 年代金赛博士出版的《女性性行为》一书中以大量的调查为依据，说明了有手淫经历的女性高达 62%。1989 年，我国著名的性学专家刘达临先生主持了一次关于全国性文明的调查。调查数据显示，中国女大学生的手淫率为 16.5%，调查还表明：男大学生认为手淫是可耻的仅占 16%，而女大学生竟占 45.1%。这些错误的认识不仅影响了女性对于自身的评价，而且干扰了她们正常的性心理发育。

青春期到来后，因生理状况发生改变，这个时期的少男少女自然而然地产生了性的冲动和要求，他们会在性生理和性心理的驱使下开始有意识的手淫。

但手淫对这个年纪的少女而言往往会造成一种精神负担，她们将手淫看做是一种肮脏可耻的事情，并且产生内疚和自责心理。想要改正，却在生理的自发冲动下难以自制，这种矛盾导致少女的精神受到了极大的损害。

一个女大学生在接受调查的时候这样说道，不记得是从什么时候开始，她发现夹紧双腿摩擦能够产生一种快感。那个时候她并不知道这就叫手淫，仅仅是觉得舒服。等到步入青春期后，通过一些非正常渠道，她才知道这叫手淫。她又查了一些资料，发现手淫对身体有很大的危害，几次想要停止却没有办法。尤其是压力特别大的时候，手淫能帮她在一定程度上得到解脱的感觉。越是这样，她就越觉得羞耻，对自己非常厌恶，连男朋友也不敢交。这件事情她没有告诉任何人，包括妈妈。

其实，手淫并不是一件可耻的事情，这个社会需要对这样一种行为及其背后所隐含的“性问题”有一个正确的态度。特别是妈妈的看法和态度，在很大程度上决定了女儿的认知。

首先，性冲动是由血液中的性激素水平决定而不受大脑控制的，也就是说这是一种不以人的意志为转移的自然现象。如果妈妈发现女儿有手淫的情况，应该和她好好谈一谈，化解她心中的郁结，而不是用责怪的手段给她造成更大的压力。

其次，手淫能够释放女儿在青春期的进程中所积累的压力，缓解性冲动，解除性紧张。日本性学专家野末说：“性的冲动是由激素的平衡关系产生的，显然女性的性欲望是有周期性的……如果女性因性激素的影响使性欲望提高，则进行手淫是释放性欲望能量的最佳途径。”也就是说，手淫在某种程度上减少了青春期性行为的可能性。

最后，有很多少女在手淫后，性格渐渐内向，社交困难，爱好贫乏。20世纪初，美国著名性医学权威马斯特斯教授和约翰逊博士以实证主义的科学研究证明，手淫对人的心理有着极大的影响。这是一种以不良心理感受为特征的“手淫后效应”，手淫者会产生一种低人一等的自卑感，羞于与别人沟通。但这种情绪并不是“手淫”这种客观行为直接带来的，更多的是在整个社会主流看法下，被迫形成的自我厌恶。为了化解这种压力和负面情绪，就更需要妈妈对女儿进行开导。

对待有手淫行为的女儿，很显然无论是打骂还是说理，都无法完全阻止这种行为的发生，反而会让女儿的心理遭受到很大打击。这个时候，妈妈不如采用疏导的方式，一方面告诉女儿，手淫并不是件可耻的事情，不要有心理负担；另一方面在日常生活中，鼓励女儿多参加一些有益的文体活动和社会活动，不要接触低级庸俗的东西，养成有规律的作息时间，保持乐观开朗的情绪。

妈妈贴士：

我们虽然不将“手淫”认为是一件可耻的事情，但也不代表我们对“手淫”采取鼓励的态度，特别是青春期的少年贪恋欢愉，手淫无度，会使精神与精力下降，一定程度上也会对身体产生危害。那么，不合适的手淫会对少女造成什么样的伤害呢?

1. 青春期少女的阴道防卫功能尚不健全，阴道黏膜比较脆弱，在异物的刺激下容易发生充血水肿及黏膜损伤，从而为病菌侵入大开方便之门。

2. 如果手淫工具不卫生，难免发生阴道炎、宫颈炎、子宫内膜炎以及输卵管炎，严重者还可导致腹膜炎、败血症。

101. 性早熟和性晚熟是什么

性早熟是一种以性成熟提前出现为特征的性发育异常，即在性发育年龄以前出现了第二性征，如乳房发育，阴毛、腋毛出现，身高、体重迅速增长，外生殖器发育。目前一般认为，女孩在8岁前第二性征发育或月经来潮，可诊断为性早熟。

随着儿童性早熟发生的逐年增多，很多妈妈会问，为什么我的孩子会性早熟呢？究其原因，有90%的孩子是受了外部因素的影响，其中光照过度是诱因之一。因为光线会影响大脑中分泌褪黑素的器官——松果体的正常工作，容易引起睡眠紊乱，可能导致卵泡刺激素提前分泌，引发性早熟。因此，孩子夜间睡觉时，若没有特殊情况，最好不要开灯，另外，要避免孩子长时间对着电脑或者电视机的屏幕。

为了防止性早熟的发生，妈妈要少给孩子吃鸡肉、牛肉、羊肉、蚕蛹等，也不要给孩子乱服营养滋补品，比如蜂王浆、花粉制剂、鸡胚等“补药”。要知道，性早熟对孩子的生长发育有非常严重的影响，比如女儿的体格增长加速过早，骨骺提前闭合，生长期缩短，过早停止生长发育，导致女儿的最终身高低于按正常青春期发育的同龄女孩身高。除了生理影响以外，性征过早出现和生殖器官发育会导致孩子心理障碍，影响和同龄儿童的相处，最终影响学习。

总之，如果你的女儿出现性早熟的特征，作为妈妈一定要冷静分析病因，积极就医，并且对女儿耐心解说，缓解她的精神压力。可以令人放心的是，性早熟的儿童仍然会正常发育，对以后的结婚生育并没有太大影响，妈妈不用太过担心。

既然有性早熟，相对地，也有性晚熟。性晚熟是指发育延缓或推迟。一般来说，女孩到了14岁仍然没有性征发育的任何迹象，这个时候妈妈就需要考虑女儿是不是有性晚熟的可能。

性晚熟的原因和性早熟差不多，除此之外，还需要考虑到一些疾病如结核病、糖尿病、吸收不良症候群。建议及早去医院检查。

妈妈贴士：

性早熟对于孩子的成长是不利的，在日常生活的饮食中更是要注意，有一些食物建议少给孩子食用。

1. 可入药的大补类食品，如冬虫夏草、人参、桂圆干、荔枝干、黄芪、沙参等。中医指出，越是大补类的药膳，越会改变孩子正常的内分泌环境。妈妈不要乱给孩子食用。

2. 禽肉，现在市场上的家禽大多数是用掺杂了快速生长剂的饲料喂养的，而禽类头颈部的腺体中往往是残留“促熟剂”的集中地。因此，吃鸡、鸭、鹅的颈部，就容易导致孩子性早熟。妈妈也需要注意。

3. 反季节蔬菜和水果，包括冬季的草莓、葡萄、西瓜、西红柿等；春末提前上市的梨、苹果、橙和桃，这些在“催熟剂”的帮助下成熟的水果千万不能给孩子食用。

4. 油炸类食品，特别是炸鸡、炸薯条和炸薯片，这类食物中含有的过高热量会在孩子体内转变为多余的脂肪，引发内分泌紊乱，导致性早熟。

5. 一些标榜“长高长壮”的儿童口服液中有相当一部分含有激素成分，会使孩子在五六岁时长得比同龄孩子高大，但是等到孩子进入正常发育阶段时，却很难再长高了。

102. 和男同学约会可以吗

青春期的女孩是一朵逐渐绽放的花朵，也许她们还不够成熟妩媚，但青春活力却吸引着异性的目光。于是，女儿受到了越来越多的异性邀约，这些约会与成人世界里的约会或许还不是同一种概念，但依旧让妈妈担心。如果女儿问你“妈妈，我能和男同学出去玩吗”，你又该怎么办呢？

一个周末的上午，唐妈妈在客厅看电视，发现女儿打扮得漂漂亮亮的，显然是要出门去。妈妈见状就随意地问了一句：“和谁一起出去玩呀？”女儿高兴地回答：“和我们班一个男生去游乐场玩。”“哦，”妈妈点了点头，依旧没有什么表情地说，“两个人多没意思，把你那些小伙伴一起叫上吧，去游乐场要人多才热闹，今天就当妈妈请客，给你的好朋友买点饮料零食。”然后从钱包里拿出了钱给女儿，女儿高兴地接过了钱，跑去打电话约朋友一块去玩了。出门前，妈妈告诉女儿不要太晚回来，不安全，实在玩得晚了就打电话给爸爸，让他去接。女儿表示知道后就出门了。唐妈妈这才在心里暗自松了一口气。

唐妈妈在潜移默化中帮女儿形成了一种思维定式，那就是妈妈不反对你和男生正常交往，但是最好不要和男生单独出去。女儿毕竟到了青春期，已经不是小时候那个什么都不知道的孩子，她有自己的思维能力，自然懂得这其中的道理。

唐妈妈认为，这次“约会”仅仅是男女生之间表达友好的一起游玩，如果断然拒绝女儿和男同学出去玩的请求，一来怕破坏了女儿和男生的正常交往关系，这也许会让女儿在以后的生活中因缺乏和异性交往的经验而过于害羞腼腆，对于以后的人际交往大为不利；二来会在女儿的心中形成一种独断专权的母亲形象，觉得你并不信任她，不信任她和男生之间正常的友谊，从而破坏了母女之间原本亲密的依赖信任关系。

但是，如果这次“约会”已经超出了正常友谊的范畴呢？女儿年纪还小，对很多事情都懵懵懂懂，她不知道如何保护自己，甚至连自我保护的意识都还没有形成。如果一味放任女儿和男生约会，只怕会有难以想象的后果。再说，青春期本就是个情感朦胧易冲动的时期，男生女生一起游玩最容易产生情愫，甚至发生早恋等行为。

但是，这个时候的女孩最烦的就是妈妈用疑神疑鬼的眼光看待自己和男生出去玩，她们追求独立，希望被尊重，不喜欢每次回来都被质问“今天是不是和男生一起出去的”这种问题。她们认为，自己有选择朋友的权利，并且朋友的性别也应该是不受约束的。

与异性的交往同样是青春期的女儿必须学会的一门课程，如何落落大方地待人接物对于女儿以后的人际关系有着莫大的帮助。妈妈如果一味把女儿关在家中，控制在自己的圈子里，反倒会使女儿缺乏与人和谐相处的能力，这对于她以后离开家进入大学甚至走入社会都会产生不利的影响。

首先，缺乏与异性正常交往经验的女孩在成年后和异性接触时，较同龄人显得更为害羞，缺乏自信，无法进行恰当的交流与沟通。

其次，没有和男生正常交往的女生往往过于单纯，在脱离了父母的保护之后，有些女生因缺乏对男性的了解而易受到欺骗甚至伤害，她们会因不知道如何说“不”而无法拒绝男生的一些无理要求。

无论是哪种后果，都不是妈妈愿意见到的。所以，在对待女儿和男生“约会”的事情上，应该具体问题具体分析，不能一棍子打死。

妈妈贴士：

与异性的正常交往自然不必多虑，但也有很多男生带着并不纯洁的想法靠近你的女儿，可懵懂的女儿偏偏还不自知，只当做是正常的同学交往，没什么好担心的。这个时候，妈妈就需要给女儿一些提点，让她在异性面前树立一个矜持的正面形象，这样男生就不敢轻易冒犯了。

1. 指导女儿在穿衣打扮上以整洁清爽为主，不能过于暴露，不能让男生认为她是个随便的女孩。

2. 告诫女儿言行举止要温和有礼，待人接物要落落大方，不要说粗话或者举止轻浮。

3. “约会”的地点必须是人群较多且环境健康的地方，最好是一群人一起出去玩，告诉女儿不要和某个男生长时间单独相处。

103. 遭遇性骚扰怎么办

女儿的身体一天天发育成熟，妈妈就会开始担心来自社会的各种侵害对女儿造成的影响，其中不得不提的就是性骚扰。

妈妈一定要教导女儿，遭遇无耻的性骚扰该怎么应对。

有一天中午女儿放学回来就把自己关在房间里，饭也不吃。周妈妈很着急，不知道女儿发生了什么事，打电话问老师，老师也不清楚，只说上午在学校里都是好好的，并没有什么特别的事情。直到晚上，女儿终于打开了门，周妈妈抱着女儿安慰一番以后才从女儿断断续续的描述中得知，中午放学回来坐公车的时候，女儿感觉到身后有一个人鬼鬼祟祟的，开始以为是小偷，就把书包抱在胸前，结果那个人居然伸手摸自己的屁股，女儿当时又羞又惊，不知道他想干什么，又不敢大叫，只能抱着书包往前走点，可那个人居然也跟着往前走。当时车里人很多，但是没有一个人注意到了她的情况。女儿只能在下一站匆匆跳下车，坐下一趟车回来。周妈妈听完女儿的描述才知道，女儿竟然遭到了性骚扰！这对只有16岁的女儿来说，恐怕会留下很大的阴影。

很多女生因为生活环境单纯的缘故，对性骚扰没有一个明确的认识，被占了便宜还不知情，往往吃了大亏。所以，在事情发生之前，妈妈就应该提前告诉她什么样的行为是性骚扰。

性骚扰是指以性欲为出发点的骚扰，伴随着性暗示的言语或者引起被骚扰对象的不悦感，通常以肢体碰触受害者性别特征部位，阻止其行为自由并引发抗拒反应。

性骚扰的具体表现形式一般认为有口头、行动、人为设置环境这三种方式。

口头方式一般是指加害者用下流的语言挑逗异性，向她们讲述个人的性经历、黄色笑话或色情文艺内容；行动方式是加害者故意触摸、碰撞、亲吻异性脸部、乳房、腿部、臀部、阴部等性敏感部位；人为设置环境方式则是在工作场所周围布置淫秽图片、广告等，使受害者感到难堪。事实上，言语上的性骚扰是这三种方式中最为普遍也最容易被忽视的。

很多女孩懵懂地认为一些带有色情意味的话语只是语言上的调戏，并没有性骚扰那么严重。甚至很多女生对异性的黄色笑话习以为常，认为这是男生的普遍现象，没什么好多虑的。妈妈应该纠正女儿这种错误的观点，以免女儿受到伤害。

防患于未然，在女儿遭到性骚扰之前，妈妈就得先和女儿就这种事情进行一次沟通，不要害怕尴尬，要知道女儿是否有自我保护意识，很大一部分来自妈妈的教导。要教导女儿，注意穿着打扮与言行举止，以减少遭到性骚扰的可能性。

首先，在平时生活中，不要穿背心吊带、超短裙之类的衣服去人群拥挤或僻静的地方，一个人外出时要注意身后有没有鬼鬼祟祟的尾随者，不要单独走小巷或无人街道，一旦发现异常要马上采取躲避措施。

其次，不要单独和异性出入暧昧场所，不要在外面逗留太晚，不要单独让异性送自己回家，不随便接受陌生人递给的饮料、食物，时刻记住不要轻易认定对方是“好人”，认为对方不会伤害自己。

再次，如果遇到有性骚扰行为的人，应机智周旋并设法争取时间，及时向相关部门求助和告发，一旦遭遇性骚扰，尤其是性暴力，应大声斥责呼救，甚至踢打对方要害部位，不要害怕。

最后，如果不幸受到伤害，应立刻告诉父母，而不是闷在心中。必要的时候去医院检查以免有更大的伤害，如有需要还应进行相关的心理咨询和治疗。

妈妈贴士：

在这个光怪陆离的社会里，危险无时不在，无处不在。特别是青春期的女生，生理和心理发育尚不完全，她们既不懂得如何去反抗保护自己，在受到伤害后也不知道要如何倾诉处理。

在这里，提供几个防“狼”妙招，供妈妈教导女儿时选择。

1. 可以为女儿准备能发出强光使眼睛暂时失明的手电筒，这个相对一些防狼电击棒而言要现实很多，有时候还能当普通照明用，随身携带也方便。

2. 胡椒粉喷雾器，这个可以放在女儿的包包里，关键时刻掏出来向色狼眼睛部位乱喷，效果甚好。

3. 在女儿的书包里放一个别针饰品。如果碰到有色狼在身后骚扰，可悄悄地拿出别针，把针掰直，往后使劲扎去。

4. 如果女儿已经开始穿高跟鞋，这个时候要告诉女儿，可以用尖鞋跟在身后色狼的脚背上狠狠踩一脚。

5. 身后被色狼骚扰时，女儿还可迅速反身用膝盖顶其重点部位。

以上这些方法，建议和大声呼喊一起使用，以免色狼恶人先告状。

104. 什么是青春期性焦虑

可能很多妈妈还没有听说过“青春期性焦虑”这个词，更别谈关注这种发生在孩子身上的情绪。

青春期性焦虑主要是指青春期的少年对自己形体、性角色和性功能的焦虑。一般来说，青春期男女性心理的矛盾、冲突及各种性适应不良等都可能引起性焦虑。

亚亚是个初三女生，按理说这个年纪的女孩是最青春靓丽、无忧无虑的，可亚亚的心里一直有一块大石头压着，透不过气来，那就是她的体重。妈妈不知道，在班上她一直有个外号——“胖妞”。其实亚亚小时候并不胖，直到青春期到来后，不知道怎么回事就比同龄的女生胖很多。妈妈总说没有关系，等到长大后就会瘦下来。可亚亚每次看到镜子里的自己，都觉得自卑，试了各种方法都不管用，甚至最极端的节食也不行。她为此焦虑不已，巨大的压力甚至使她想到了死亡。

每个青春期的少年随着第二性征逐渐成熟，或多或少都会对自己的体态、生理和心理等方面产生不安的情绪。

女孩因为乳房发育而不敢挺胸，月经初潮而羞于被人发现。她们往往因无法自我开解而出现恐惧、紧张、羞涩、孤独、自卑和烦恼等情绪反应，还可能伴发头晕头痛、失眠多梦、眩晕乏力、口干厌食、心慌气促、神经过敏、情绪不稳、体重下降和焦虑不安等症状。精神科将这类病症诊断为青春期焦虑症。

这种青春期性焦虑对青春期少男少女的性心理发展有很大的负面影响，甚至影响到他们日常生活以及整个精神状态，甚至诱发神经衰弱症。尤其是女孩，她们的心理承受能力往往比同一年龄的男生要低。这个时候，妈妈就要及时地帮助她们并予以合理调试。

妈妈贴士：

帮助女儿缓解这种压力的重点是使她建立起健康的审美观，接受现实，不怨天尤人，不自寻烦恼。

1. 树立正确的性态度。妈妈要向女儿传授健康的性知识，帮助她认识自我，树立信心。

2. 鼓励女儿积极参加健康有益的活动，把对性特征的关注转移到学习和健康的业余生活中。

3. 让女儿坚持每天进行松弛训练。适当的体育锻炼和劳动，可以缓解焦虑，平静内心，使生活充满活力。

105. 为什么会做性梦

随着青春期的到来，少年的内分泌系统会发生一系列变化，进而由生理变化影响到心理变化，很多青少年发现自己开始做一些奇怪的梦，男孩往往不以为意，但女生却摆脱不了那种羞愧、恐慌的心理。

楠楠是在15岁的时候第一次做那种梦，醒来之后一个人偷偷在被子里哭了很久。她认为自己做了一件很羞耻的事，听人说“日有所思，夜有所梦”，难道自己的本质就是一个不知廉耻的女孩吗？这个认知让她恐慌了很久，她一个人跑到书店去找相关的书籍，又怕被周围的人发现，只能躲躲藏藏，可惜终无所获。结果，楠楠越来越孤僻，越来越自卑。直到上了大学，她才鼓起勇气通过正规渠道向医生询问，医生告诉她：“其实，这是一种正常现象。梦是潜意识愿望的满足，越是道德感强的人，越会强行压制与他人亲近的念头，而现实中压抑得越深，梦中反弹也就越大。”这个解释让她放下了心里多年的大包袱。

“性梦”是发育中的青少年生理和心理变化的一种表现，其本质是一种潜性意识活动。即本人的意识无法察觉，但又确定存在的那些性心理活动。做那种奇怪的梦一方面反映青春期性本能和性需要；另一方面则是性意识以潜性意识方式的再现，比如很多少女与父亲有拥抱、亲吻等性接触，这些都会引发她们朦胧的性意识。

据统计，青春期的少男少女约有20%会出现性梦。其中，女性由于性观念的保守与伦理道德的影响，对梦境会产生极大的恐惧与自责，变得精神恍惚，郁郁寡欢。

其实，这些负面情绪完全没有必要。专家告诉我们：“青春期男女易发性梦是性生理逐渐成熟的反映，性梦可以帮助他们缓解不能得到满足的性需求，对于身体和心理的正常发展都是有利的。”

所以，青春期的少女在面对陌生奇怪的梦境时，不需要紧张，更不要有负罪感。妈妈更是应该及早为女儿揭开青春期的神秘面纱。

妈妈贴士：

如果女儿做了奇怪的梦后，情绪很不稳定，妈妈该怎么帮助她稳定情绪、肯定自我呢？

1. 耐心解释很多女孩都会做这种奇怪的梦，这代表女儿长大了，成熟了，梦里面的具体情况和现实以及自己的意识没有直接关系。

2. 帮助女儿从性梦中审视可能潜在的深层次问题。心理专家说："性梦并不一定就是梦到人，像蛇、虫子、子弹、筷子等柱状或条状的物体都是性与男性生殖器的象征。但当性梦以这种形式出现时，就说明做梦者压抑得很深，连直接性接触也不敢在梦中表达，变成了无意识的性压抑。"这就与中国女性的性道德有关，尤其是那些童年时被男性骚扰过的女性，表现得更为明显。